学習学に
もとづく

コミュニケーション豊かな

小学校

英語

外国語活動
授業の
つくり方

本間正人・関戸冬彦・柳瀬真紀・中國達彬

GOOD

Yes

I See

中村堂

◆ もくじ ◆

第3章　コミュニケーション豊かな小学校外国語活動（英語）授業のつくり方

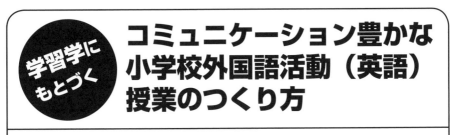

**学習学に
もとづく**
コミュニケーション豊かな
小学校外国語活動（英語）
授業のつくり方

第1章
小学校外国語活動と
どう向き合うか

第1章

小学校外国語活動とどう向き合うか

京都造形芸術大学副学長　**本間　正人**

1　教育学から学習学へ

　私は、教育学を超える「学習学」（Learnology）の構築を研究テーマの中心に据え、この考え方に基づいて本務校である京都造形芸術大学で、あるいは、企業や組織での管理職研修、教員研修、子育てコミュニケーション講座など、幅広い年齢の人々を対象にして様々な教育活動にあたっています。

　小学校外国語活動（英語）の授業を、どのようなものにつくっていくかの前提として「学習学」の考え方を紹介します。

■教育学から学習学へ

　学習学とは、「人間は生まれてから死ぬまで一生学び続ける存在（ホモディスケンス）である」という人間観に立ち、Life-long, Life-wide and Life-deep Learning を考察の対象としています。生物学では「ホモサピエンス（考える存在)」、経済学では「ホモエコノミクス（経済学的合理性に基づいて行動する存在)」と想定しますが、私は「学ぶこと」こそが私たちの種の最大の強みだと考えています。

　つまり、Life-long とは「人が生まれてから死ぬまで、一瞬一瞬が学びの連続である」ということです。学校教育を受ける期間だけではなく、言葉の修得や社会的規範の獲得、仕事をこなしていく力、人間関係を構築するコミュニケーション能力、考え方の異なる人を受け入れる包

容力など、一生涯かけて人間性を高めていくのが人間らしさだと思うのです。

　したがって、「学校の教室に限らず、ありとあらゆる場所が、学びのステージになるということ」がLife-wideの意味です。廊下も校庭も体育館も通学路も、大切な学びの空間です。家庭も、職場も、地域社会も、通勤の電車や自家用車の中も、どこでも人間は学ぶことが可能です。

　eラーニングの技術革新が進み、自宅にいる時も移動時間中にも、様々な学習行動をとることができるようになりました。家庭学習時間の二極分化が進んでいると報じられています。学習意欲の高い子どもは、ネット上の様々なプログラムを駆使して、自分のペースで高度な学びを積み重ねていくことができます。

「いじめ」や「不登校」の問題が深刻化し、普通の学校には行きたくない、ということで、高校卒業資格が得られる「補習校」の生徒数は増加の一途です。今後、ホームスクーリングが認められていくのは間違いなく、学齢の児童・生徒は「学校に行かなければならない」という常識は崩れていくことでしょう。

■人間性を磨く学び

　そして、Life-deepとは、「一つの発言、一挙手一投足にその人の全人格が映り込み、また、すべての体験が人格形成、人間力の錬磨に寄与する」という考え方です。徳の高い人のたたずまいに接すると、背筋が伸びる思いがします。逆に、試験の成績はよかったとしても、人として尊敬されない言動・行動をとる人も残念ながら少なからず存在します。

　現代社会では、国語・数学・理科・社会・英語などの教科のスコアが過大評価されていると感じます。こうした科目は不得意だったとしても、素晴らしい人間性をもった人に敬意を払う社会に進化していくこと

が望ましいと考えます。

　試験の点数や偏差値では表すことのできない「人間力の陶冶」を重要な価値と考えている先生も少なくないはずです。

　全国ネット菊池道場を主宰されている教育実践研究家の菊池省三先生が実践されている「価値語」の獲得とその実践は、まさに Life-deep Learning そのものだと思うのです。

■最新学習歴を更新する

　さて、Life-long Learning について、もう少し詳しく見てみましょう。

　図１で、横軸は人間の年齢を表します。誰もが０歳から始まり、人生の終わりにはかなり個人差がありますが、100 歳を超える方も今後増えていきます。そして縦軸は、１日の 24 時間を表します。

　このうち、古典的な学校教育の守備範囲は、横軸で６歳から 15 〜 22 歳くらいまでの年齢幅。近年は通信制大学や大学院に進学する社会人も増えていますが、まだ一般的とは言えません。

　また縦軸の時間帯について見ると、普通の学校は朝の８時半からおおよそ午後３時、４時くらいまでですから、図１の灰色の部分にあたります。しかも、これに土日祝日や夏休み、冬休み、春休みなどが入りますから、全部埋まっているわけではありません。そして、この灰色の部分の右端を「最終学歴」と呼んできたわけです。

　これを見ると学校教育がカバーしている範囲は、長い一生のうちのほんの一部に過ぎないことが分かります。これまでの教育学は、

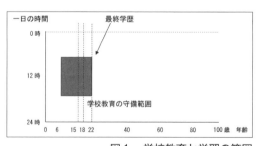

図１　学校教育と学習の範囲

この限られた部分を主たる対象として研究する一方、空白の部分の「学び」にはあまり光があたってきませんでした。

　社会的にも、選挙公報などで最終学歴を記載する欄はあっても、その後、その人がどんな学びをしてきたかを知る情報は少ないのが実状です。

　学習学では、「最終学歴」も大切だと考えますが、それ以上に「最新学習歴」をより重視します。学習学の考察の対象は、人生の「すべて」なのです。社会の中で成功している人は、不断に「最新学習歴の更新」に努めてきた人だと言っても過言ではないと思います。

■学校の役割は「社会性の涵養」

　教育学のパラダイムでは、教科教育が重視され、知識を獲得することが中心的な目標として位置づけられてきました。中央教育審議会などでは、教育の目的論についても真剣に議論されていますが、学校現場ではいまだに国語・数学・理科・社会・英語などの授業をどのように実施し、進学実績をあげるかに多くのエネルギーが割かれている実状があります。

　学習学では、学校の役割は「一生学び続ける力の基礎を身につける」ことだと考えます。そのためには、「学びは喜びである」という原体験をもち、個人として学ぶだけでなく、「他者との関係性の中で学び合う」ことの素晴らしさを幼い日に体感することが重要です。

　菊池省三先生の「ほめ言葉のシャワー」は、まさに「コミュニケーション能力の向上」と「関係性の構築」を同時に進めることができる実践です。つまりその取り組みの一連の流れの中で、日本の子どもたちに今、必要とされている能力である「観察力→表現力→思考力」という三つの力を育んでいくことができるというところに最大の特徴があります。

　現在の学校教育では、汎用的能力についての取り組みがあっても、「表現力について」「思考力について」「観察力について」などと、ばらばらに行われているのが現状です。一つ一つは素晴らしいものですが、相互の関連性が薄いのが課題です。「ほめ言葉のシャワー」は、まさに総合的なコミュニケーション教育になっているところが素晴らしいのです。

　こうした姿勢を小学校で獲得すると、中学高校などで多少薄れることもあるかも知れませんが、一生を通じて、「生き方の基盤」として身について離れません。まさに、生涯役立つ社会的能力の基礎を構築する取り組みと言えるでしょう。

■「教わる」から「自ら学ぶ」へ

　現代社会の多くの教師や保護者が「学校や塾に通って教わらないと能力を高めることはできない」という誤解に陥っています。人類史を振り返ると、学校ができたのはたかだかここ数百年のことに過ぎません。そして、学校が特権階級だけでなく一般庶民にも広く門戸を開くようになったのは、直近の百数十年のことに過ぎません。人類はそれ以前の百数十万年もの間、学校のない社会で能力開発を行ってきたのです。

　現代人は「教わる」という形の学び方に慣れすぎてしまい、知らず知らずの間に「自ら学ぶ力」を弱めてしまう傾向があります。学ぶ力は筋肉と同じで、使い続ければ増強され、使わないと衰えます。教わることばかりにかまけていると、「あれはなんだろう？」と思ったことをなおざりにし、「学ぶ筋肉」を錆びさせてしまうことになりかねません。

　すべての人が「ホモディスケンス」そして「アクティブ・ラーナー」である自分を自覚し、生まれつき備わっている学びの欲求へと目を向けてくれたら、と切に思います。

　表1をご覧ください。教育学と学習学における指導者と学習者の営み

を対比したものです。

これまでの教育学は、と
もすれば「学校という場に
おいて教える側が主役の教
育」（Teaching）中心で
あり、学ぶ側（Learner）
は、「受け身で教わる」と

	教育学	学習学
指導者	Teaching (Teacher) 　講義形式で知識を教える 「正解」「試験」がある → eラーニングへ	Facilitating (Facilitator) 　集合研修の中で 　学習者の学びを促進する Coaching (Coach) 　１対１で個別指導する
学習者	Being Taught (Teachee) 　受け身で教わる	Learning (Active Learner) 　自ら主体的に学ぶ →Life-long, 　Life-wide 　and Life-deep Learning

表1

いう受動的な立場に置かれていた面が否めませんでした。

古典的な教育学の研究対象は学校教育中心で、教室において国語・数
学・理科・社会・英語の一斉授業をいかに効果的に進めていくかに焦点
が置かれていました。また教員養成課程にあっては「教科教育法」がカ
リキュラムの中核を占めてきたわけです。

つまり、「いかに教えるか」（Teaching）という教員中心の発想がメ
インストリームだったわけです。

もちろんティーチングも重要ですが、教室で教わることに慣らされて
しまうと、「学ぶこと＝教わること」という混同が広まります。そうな
ると、本来、能動的な学習者（Active Learner）であるべき児童・生
徒・学生が、受動的な被教育者（Teachee）になってしまうのです。

しかし、学校を卒業して実社会に出ると、受け身な姿勢の「指示待ち
族」は通用しません。企業や組織の経営者・管理職が「学校ではもっと
主体的で能動的な人材を育ててほしい」と要請したことが、昨今、文部
科学省がアクティブ・ラーニングを重視し、社会的にも注目を集めてい
る背景にあります。

しかしながら、表面上、形式的にペアワークやグループワーク、ロー
ルプレイや共同制作活動などを行ったとしても、学習者の能動性を引き
出すことができなければ本末転倒です。真のアクティブ・ラーニングと
は、一人ひとりの人間が生まれながらにして元々、アクティブ・ラー

ナーだったということに気づくこと、再発見することにつながるもので
なくてはなりません。

　児童・生徒など学習者が学びの主人公であり、指導者の役割は副次的
なものと位置づけられるのです。もちろん、講義形式で一斉授業を行う
ことが教師の役割からまったく消え去る訳ではありませんが、これは現
在、急速にeラーニングに代替されています。

　教師の機能は、集団の中ではファシリテーティング（Facilitating）、
個別の場面ではコーチング（Coaching）にシフトしていくでしょう。
つまり学習者の主体的な学習を、あくまでも側面からサポートすること
こそが、機械にはなし得ない教育者の真の役割になっていくのです。

■内側から発する学習のベクトル

　これまで、教育の重要性については、多くの本が書かれ、専門家が研
究し、「教育学」という学問分野として定着してきましたが、「学習」に
ついては、体系的な研究が十分に行われてきたとは言えません。「教育」
と「学習」は、重なり合っている部分もありつつも、実は正反対の方向
性をもった行為であり、考え方なのです。すなわち、

教育は、個人の外側から内側へのはたらきかけ
学習は、個人の内側から外側へのはたらきかけ

であると言うことができます。

　図2をご覧ください。

　学校現場で、ある程度のティーチングは必要ですが、個別にフィード
バックを行い、意欲を引き出すコーチングを行う力量が必要です。

　坪田信貴氏が、小林さやかさんが慶応義塾大学に合格するまでの実話
を基にして書かれた書籍「ビリギャル」、そして映画の中で、坪田氏は
ほとんどティーチングをしていません。さやかさんの可能性を信じ、学

習目標を明確化し、学習方法を紹介し、励まし、やる気を高め、時には必要な軌道修正や気分転換をサポートしていました。まさに「名コーチ」として指導にあたったわけです。

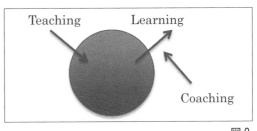

図2

　個別指導塾と学校とは違う、という声も聞こえてきそうですが、高校中退者の受け皿になっている「補習校」では明らかにコーチングが指導の中心に置かれていて、ひょっとすると普通の学校の方が時代の流れから取り残されているのかも知れません。

　指導者の役割は、学習者の内から外に自然に伸びている矢印を、さらに幅広く、長く、力強くすること。時には、角度の調整も必要かも知れませんが、矢印を学習者の「根源」から引き出し、遠くまで伸ばしていくイメージです。

　逆に言えば、浅いところから出た矢印を恣意的に曲げてしまってはいけません。

「君の偏差値は○○だから、C大学の文学部だなんてもったいない。A大学の法学部かB大学の経済学部に進みたまえ」などという進路指導が多くの高校で行われている話を耳にしますが、誰のための指導かと思ってしまいます。

■ファシリテーション

　学校という集合学習の場では、コーチングと同時に、学び合いをサポートするファシリテーションも重要です。ファシリテート（facilitate）とは、「促進する」と訳されますが、ラテン語の「易しくする」が原義です。

14

　児童・生徒・学生が「ここにいても脅かされることはない」という安全な場を整え、コミュニケーションをとりやすい環境、自分の意見を臆せず発表できる雰囲気づくりを行うことが教師に求められます。学習者が戸惑うことがないよう明晰にインストラクション（誰が何をどのようにどれだけの時間行うのか）を発し、体験型の学習を提供し、振り返りの時間を設け、気づきや発見を促すのです。

　また、「ほめ言葉のシャワー」など、相互にフィードバックを行う機会を設定し、学習者相互が支援しあう「学び合い」やペア・コーチングを導入したりすることが大切なのです。

　その意味で、菊池先生が主導して来られたコミュニケーション教育は、教育学から学習学への転換の先駆的事例と言えるでしょう。

■「学習学」を定義する

　これまで、学習学と教育学を比較する観点から論じてきました。これまで自分たちが受けてきた「学校教育」の枠に縛られてきた私たちは、つい「学習」の意味を小さく捉えがちです。その枠を取り外し、学習とはどのような姿勢、どのような考え方で行うものなのか、ということを見つめ直す機会にしていただけたらと思います。

　そこで「学習学」をあらためて定義しておきましょう。

> 「学習学」とは、
> 　人間にとって最も基本的な行為である「広い意味での学習」について学習者の立場に立って、体系的に研究する科学である。

　ここで注目していただきたいのが「広い意味での学習」というキーワードです。多くの皆さんが抱かれている学習のイメージ、つまり学校や塾などで教わる知識を理解して自分の中に蓄えていくことを、私は「狭い意味の学習」と捉えています。

　それに対し、人が「これはなんだろう？」「どうしてこうなるの？」と外界すべてに対して興味・関心をもち、それを理解していくプロセスを「広い意味での学習」と呼んでいます。

　人間は生きている間、外界にあるものを五感で絶えず受け取っています。そして、未知のもの、不可解なものについては「落ち着かなさ」を覚えるものです。それは、人間が「理解したい」という欲求をもっているからにほかなりません。つまり人間は、学習することを欲する動物なのです。

　幼児は、外界のありとあらゆるものに興味関心を示し、「はいはい」で接近し、手で触れ、口に入れようとし、認知しようとします。少し言葉を覚えると、誰に教えられなくとも、質問文を構築し、正体を知ろう、理解しようとします。

　そして、社会的な動物である人間は、他者と関係を構築し、学び合いを深め、先祖の知識や智恵を伝承し、一人ではできないことを可能にすることにより、肉体的にずっと強い他の動物を抑えて、圧倒的に「優勢な種」として、現在、地球上の食物連鎖の頂点に君臨しています。

　学ぶ力こそが、人類最大の強みであり、「人間＝学習する動物」（ホモ・ディスケンス）である、という人間観をもち、その視点に立ってその強みをさらに生かしていくための叡智―これが学習学なのです。

2　学習学のめざす先

　私自身は、「教育学から学習学へ」という視座のコペルニクス的転回を提唱している訳ですが、これは、菊池先生がおっしゃる「観」と軌を一にしていると思っています。つまり、「ほめ言葉のシャワー」「価値語」「学級ディベート」など、ユニークなコミュニケーションの教育実践の方が注目されていますが、実はその底流にある「観」の転換にこ

そ、菊池先生の真骨頂があると考えているのです。

■ヒトはサルの仲間

　その本質は、学校の教室における「一方通行の一斉授業からの脱却」にあります。8間×5間の教室で、教師が黒板を背景に紙の教科書を使って講義を行い、スクール形式に並んだ椅子におとなしく座った児童・生徒は、黙々と受け身で授業を受ける、というパターンは時代遅れであるばかりでなく、ヒトの生理に反していると私は考えています。

　言うまでもなくヒト（ホモサピエンス）は、哺乳類サル目ヒト科に属しています。動物園の猿山に行けば、健康な若いサルがおとなしくじっとしているなんていうことはほとんどありません。柵の中を目まぐるしく動き回り、駆け回るのが常態であり、毛づくろいをし合い、コミュニケーションをとり合って関係性を深めるのが自然な姿なのです。

　ところが、長い人類の歴史の中で、わずか百数十年の間に、庶民にも普及した学校では、1日6時間もの間、机の前に座っていることが求められます。もちろん、このパターンに慣らされて当たり前にできる個体も多いのですが、じっとしていられない子ども、おしゃべりが止められない子どもが一定数いるのもやむを得ないことだと思うのです。むしろ、哺乳類サル目の生理に合致した自然な姿に近いのかも知れません。

　学校の教室で習得される行動特性は、集団のルールを守る従順さであり、自分の意見があったとしてもそれを発表することは控えて、目立たぬようにおとなしくしている過剰な同調性だったのではないでしょうか？

　19世紀から20世紀後半までの工場制機械工業の時代にあっては、そうした行動パターンを身につけた労働者を大量に輩出することが国家経済を富ます必勝パターンであり、日本が世界に冠たる国際競争力をもつに至った要因として機能してきたのだと思います。

　他方、政府が定めた教科に関して、正解が予め用意された問題を、指定された制限時間内に、間違えることなく解き、出題した人が想定した基準で採点してもらい、点数が高ければ高いほどよい、という「狭い教育観」が蔓延してきました。

■東大脳の悲劇

　この分野で長年にわたり優位を誇ってきたのが東京大学卒業生でした。18歳時点で、国語・数学・理科・社会・英語という「主要5教科」のペーパーテストの成績が上位な生徒から入学が許可され、卒業後の栄達が約束されるという仕組みが百年以上にわたり温存されてきました。

　最近「東大脳の悲劇」が叫ばれています。筆記試験で高得点をあげるためには、いきなり最初の問題から取り組むのではなく、まず全体を見渡して、易しい問題、難しい問題を選別します。それを見極めた上で、確実に得点があげられる易しい問題を解き、確実に点数を確保した上で、残った時間があれば、難しい問題に移っていくというのが、受験対策の王道とされました。

　このパターンが社会人になってからも続くとどうなるでしょうか？社会や企業にとって、どんなに重要だったとしても「難しい課題」は後回しにされ、短期的に業績があげられる枝葉末節な事業が優先されてしまうことになりかねません。

　今、日本社会のあちこちに、手つかずのまま残る様々な「重要課題」は、難しい問題を先延ばしにする発想によるものだと、私は考えています。

　難しい課題に取り組めば、失敗する可能性があります。20世紀の「狭い教育観」では、間違えることは悪とされてきました。百点満点がベストであって、間違えるくらいなら、減点されるリスクを冒すくらいなら、何もしない方が得策だったのです。

　その結果、先進諸国と比べて起業家意識（アントレプレナーシップ）は極めて低く、大きなイノベーションが生まれにくい社会風土が醸成されてきました。

　私は、今の時代、結果が得られるかどうか不確実であったとしても、前向きなチャレンジを行うことが、これまで以上に必要になっていると思います。しかし、誰も好んで失敗したい訳ではありません。特に、教育者の失敗に対しては、教育委員会も保護者もメディアも厳しく断罪する傾向があります。

　そこでそもそも、失敗という言葉を使うのを止めよう、と私は提案しています。前向きなチャレンジをして、ある一時点で成功とは呼べない結果に終わったとしても、それは「未成功」（pre-success）と呼ぶべきだと。そして、「質の高い未成功」を積み重ねていくことが、大きな成功への道だと考えています。

　様々な菊池実践も、全国各地の学校・教室で百発百中、最初から成功が約束されている訳ではありません。しかし、だからこそチャレンジする意義が大きいし、創意工夫やイノベーションが進む可能性が大きいと考えます。

　菊池道場に集う、優位の先生方には、自分の特質を活かした果敢な挑戦を続け、良質な未成功を積み上げていっていただきたいと期待しています。菊池先生のご著書に「挑む」という1冊があるのは、まさに象徴的だと思うのです。

■eラーニングの時代だからこそ

　教育活動の中で、知識をインプットする部分に関しては、eラーニングなどを活用して自分のペースで行うのが合理的です。iPhoneというスマートフォン第一号が登場したのが2008年のこと。たかだか10年前の出来事です。しかし、それ以来、私たちの生活様式は劇的に変わりま

した。電話で通話する機会は減り、メールや LINE などテキスト（文字）ベースのコミュニケーションが増え、Twitter、Facebook、インスタグラムなどの SNS に費やす時間が激増し、テレビの視聴時間が減り、電車の中では新聞や本を読んだり、吊り広告を見たりする人が激減しました。かつて場所と時刻を細かく定めていた待ち合わせの仕方はアバウトになり、通信販売は百貨店の売り上げを凌駕し、ホテルや交通機関の予約など、様々な経済活動がスマホベースで行われるようになりました。

　学校の外側では、こんなにも社会が激変しているのに、学校の教室と職員室の時代遅れは衝撃的です。「電子黒板」といった不思議な機械が持て余され、スマホや携帯電話（ガラケー）は持ち込み禁止という学校が圧倒的に多いのが実状です。

　個人的には、1万円程度のスマホを全児童・生徒に配布するのが合理的だと考えています。紙の教科書を検定し、無償配布する予算をスマホとアプリ開発に充当すべきだと思うのです。これだけのスケールになれば、「有害」なサイトに対するアクセス制限などもかなり効果的に行えます。

　国語・数学・理科・社会・英語など「主要教科」の e ラーニングは日進月歩の進化を遂げていますから、学習者が自分の時間に自分のペースで、それぞれの課題に取り組むのが効率的です。導入が困難視されているプログラミングの授業は、一人1台スマホがあった方が便利です。「外国語活動」が、小学校3年生の段階から導入され、5年生から教科になるわけですが、一斉授業で教わるよりも、スマホを活用して、映像を見て、発音して、Siri などの音声認識ソフトにチェックしてもらった方がはるかに上達します。

　これは、私の妄想ではなく、シンガポールやタイ、デンマークやスウェーデンなどでは、どんどんそういう方向に舵が切られています。今

後、開発途上国では、師範学校をつくって教員養成を行ってから貧困地域に校舎を建設する、という旧来のパターンとは異なる経路での教育政策がとられていくことでしょう。

では、学校の機能、教師の果たすべき役割はなくなってしまうのでしょうか？そんなことはありません。e ラーニングが勃興する時代だからこそ、学校・教師には新たな使命が待っているのです。

■ AI、ロボットと共生する時代の教育

e ラーニングは万能ではありません。やはり生身の肉体をもった他者との関わりの中で切磋琢磨するという原体験を提供するのは困難です。

マスコミ上では、「AI やロボットが普及すると仕事がなくなる」というような恐怖心を煽る論調が多いのですが、実際には、人手不足の緩和・解消をはじめ、希少資源のより効率的な分配に寄与するプラスの効果の方が大きくなるだろうと私は考えています。

一方、学校教育の目的、あり方は大きく変わっていかざるを得ません。現行の「大学入試センター試験」であれば、AI が満点をとるのは時間の問題です。知識や計算能力そのものを問う試験問題は、加速度的にその重要性を失っていくでしょう。

私は、AI、ロボットと共生する時代の教育目標は、以下の３つの力を伸ばしていくところに集約されると考えています。

第一に、０から１を生みだす創造力。最近、AI がアンディ・ウォーホール風の絵画を描いたとか、モーツァルト風の音楽を作曲したとか報じられていますが、オリジナルを生みだした訳ではないと思うのです。普通の人が見れば、名画に見え、名曲に聞こえるかも知れません。しかし、歴史を創っていく芸術的な営みとは一線を画すと私は認識しています。まして、まったく新しいジャンルを切り拓くことは、AI にはできないのではないでしょうか？

　第二に、人間関係を結び、深めるコミュニケーション能力。ペッパー君やAmazonアレクサは、一見、会話としてかみ合ったような受け答えを行います。しかし、人間関係を結んだことにはなりません。人と人とが、1回きりのコミュニケーションをとり（まさに一期一会）、お互いの共通点と相違点を認識し合い、友情や協力関係を育んでいくところに、社会的動物としての人間の真骨頂があります。

　第三に、初期条件を与えることなしに感動して発見する力。AIは注目すべき初期条件を与えれば、膨大なビッグデータの中から超高速で様々な該当データを見つけてくることができます。しかし、何を見つけるのか、ガイドラインを設定しなければ、作動しません。

　ところが人間は、それまでの人生経験の全てが、認識のフィルターになり、「美しい、すごい、おいしい、驚いた」などと感動して、新しい何かを発見することができるのです。AIの「フレーム問題」は早晩、解決（or緩和）されていくでしょうが、そもそも「新しいものを発見する」ことは、原理的にできないのだと考えます。

　もしも、こうした能力分野を伸ばすことが、教育現場で重要になっていくとしたら（そう私は予測しています）、菊池実践は極めて効果的なプログラムだと考えられます。

「ほめ言葉のシャワー」一つを例にあげても、そのプロセスにおいては、精妙な心の動きを伴う観察力が発揮され、比喩なども駆使した表現力が磨かれ、結果として人間関係が育まれていく取り組みです。そこには、予め定められた百点満点の正解は存在せず、一人ひとりの子どもが、その時点での「自己ベスト」の能力を発揮して、全力で表現し、全力で受けとめていきます。

　そこに立ち会う教師もまた、一瞬の表情の変化を見逃すことのないよう真剣勝負で臨む必要があり、一つの言葉かけに、その教育者の人生の全てが写り込むような集中力が求められます。一つの細胞の核の中の

DNA の中に、その個体や種の全ての遺伝情報が含まれているように、部分は全体を反映する鏡とも言えるからです。

■「学習学」の結び

　今後、社会性を涵養することこそが、学校教育の役割であるという認識が深まり、e ラーニングではなし得ない、学校でしかできないコミュニケーション系の学びやチームワークを育む取り組みが広まっていくことでしょう。私自身も、そういう方向に進化させるべく力を尽くしていきたいと思っています。

　と同時に、意欲的な先生方が、様々な地域の特性を活かしながら、一人ひとり異なるきわめて多様な子どもたちの学習ニーズ、学習スタイルに合ったプログラムを開発し、バージョンアップし続けていただきたい。また、それを校内だけでなく、SNS や勉強会、そしてセミナーや研修合宿などで交流し合っていただきたいと願っています。

　教師自身が「最新学習歴」を更新し続けることで、子どもたちにとってよきロールモデルであり続けていただきたいのです。

3　小学校外国語活動とどう向き合うか

■英語が教科化、低学年化

　2020 年度から改定される学習指導要領では、小学校における英語教育が大きく変わります。現在は 5 〜 6 年生が対象の「外国語活動」が、3 〜 4 年生からスタートします。そして、5 〜 6 年生では、英語が義務教育の「教科」となります。現在の「外国語学習」としての英語は、基本的には教科書を使わず、英語でのコミュニケーションに親しむことが目的。したがって、基本的にはテストで点数をつけることもありません。ところが、これが「教科」となると、検定を通った教科書を使い、

テストの点数を基に成績をつけなければなりません。一部の自治体、学校では、すでに2018年度から先行実施されていますから、待ったなし、と言えるでしょう。

　この大変化に戦々恐々としている先生方も多いのではないでしょうか？

「自分自身が英語は苦手、どうやって指導・採点すればよいのか？」

「ただでさえ、授業時間が限られているのに、英語の時間をどう捻出するのか？」

「保護者の中には英語の得意な人もいて、クレームが怖い」

　こんな不安が頭の中で渦を巻いている方が、たくさんいるだろうと推測しています。

■英語学習はいつからでもOK

　実のところ、私自身は、小学校に英語教育を導入することに消極的な立場です。現代の若者にとって、英語コミュニケーション能力をもつことが、将来、活躍の幅を拡げる効果が大きいことは否定しません。しかし、

「英語は必修でなければならない」

「ネイティブスピーカーのように流暢に話せなければならない」

「LとRを聞き分ける英語耳は幼い時に鍛えなければならない」

　といった発想には賛成できません。

　英語は選択科目でかまわないし、日本人は「ジャパニーズ・アクセント」をもっていてもOK、というかその方が自然。LとRの区別は何歳になっても学習可能だし、仮に聞き取れなくても文脈で判断できるので、そんなに深刻に思い詰めなくてよいと考えています。

　私の基本的な考え方は、「人生の中でどのように英語を活用するか、見通しが立ってから英語を勉強し始めても、決して遅すぎることはな

く、むしろ、専門分野の英語にフォーカスして学んだ方がはるかに効率的だ」というものです。

　日本人が英語を修得するのに必要な学習時間については、様々な学説があり、個人差も大きいのですが、私の経験則に基づくと 2,000 時間というのが一つの目安になります。「2,000 時間の英語学習により、ノンネイティブとして十分な運用能力をつけることができる」とお話ししています。

　2,000 時間というのは、日本人の平均的な労働時間の 1 年分。ですから、高校時代に奨学金を得て 1 年間、英語圏に留学した人はかなりの英語力を身につけて帰ってくるケースが多いですね。人生 100 年時代に 1 年間、フィリピンやマルタ、フィジーなど、物価の安い英語圏で学ぶのはとても有意義なことだと思います。

　ただ、1 日 1 時間の英語学習でも 5 年半で 2,000 時間に達します。つまり、これまで、日本の中学校・高校において、英語の指導は必ずしもうまくいっていたとは言えません。

　教室の中で紙の教科書を使った一斉授業のパターンにより、きわめて多くの日本の生徒に英語嫌い、英語の苦手意識を植え付けてきた副作用の方が大きかったと感じています。

　その「うまくいかなかった実践」を小学校にも広めようという方針には、与することができないというのが私の立場です。特に、小学校の先生方は、ご自身が英語に習熟していないケースが多いのに、急に英語を教えられると考える方がおかしいと思うのです。「子育てしてきた親なら保育もできるはずだ」などという発言にも通じる安易な教育観が横たわっていると断じざるを得ません。

■あえて前向きにとらえると
　千歩万歩譲って、今回の小学校英語を前向きに考える視点があるとす

るならば、それはまさしく「教育から学習へ」の転換のチャンスとする見方です。つまり、小学校の先生方が英語を教えるのが苦手ならば、教えなければよいのです。では何をするかと言えば、「子どもたちと一緒に学ぶ」という立場を貫くのです。「教育者は、よい学習者のお手本を示そう」と講演の時によくお話ししますが、知識経験の豊かな分野では、つい教えるモードに入りがち。しかし、英語が苦手な先生方にとって、英語について「ともに学ぶモード」に挑戦する機会が与えられたと考えてはいかがでしょうか？

「ともに学ぶモード」で大切なのは、次の3つの原則です。

1）「学ぼう」という気持ちを引き出す

　いきなり英語の教科書の1ページ目から始めるのは賢明ではありません。「何で英語を勉強しなければならないのだろう？」と頭の中に疑問符がついた状態から学習をスタートするのは得策ではありません。

　まずは、表紙を見ながら「この教科書にはどんなことが書いてあると思う？」と質問し、イマジネーションを拡げるワークをオススメします。これは他の教科でも使えますが、パラパラとページをめくると、必ず「コミュニケーションの場面」が絵や写真で出てくるはずです。ここが大切。英語は教室の中で使うものではなく、社会の中で活用できるんだ、ということを子どもたちに伝えたいところです。

　次に、グループ討議で「英語が役立つ理由」を考え、発表してもらう、というワークもぜひ取り入れてみてください。「外国に友達ができる」「旅行の時に役立つ」「道案内できる」など、いろいろな場面で役に立つ、というマインドセットをしみ込ませていきたいもの。1回目の授業だけではなく、「英語は実際に役に立つよ」ということを繰り返し、伝えていきましょう。

2）学ぶことの楽しさ、面白さを伝える

　二つ目の原則は、英語の語彙や文法に対する興味を引き出す工夫です。日本語との違い、共通点に注目するのが、言葉に対する関心を喚起する上で有効です。

　私は、文法解説の前に、語彙力を高めることが重要という立場です。私たちが日本語を学び始めた時に、いきなり「主語＋目的語＋動詞」を意識したなんてことはありません。身の周りの映像と音を結び付けるところから、「ママ」「まんま」「わんわん」などの単語を覚えていったのではないでしょうか？

　小学生にとっては「日本語の中に含まれている英語由来の言葉」を見つけるエクササイズは効果的です。日本で暮らしている小学生も驚くほど多くの英単語を知っています。

　スプーン、フォーク、ナイフ、カード、ゲーム、コンピュータ、オレンジ、バナナ、レタス、チーズ、バター、サッカー、ボール、ゴール、シャワー、等々、誰でも知っているはず。これらの語はみんな英語から輸入された言葉だということは、英語との心理的距離を近づける効果があります。そして、上記の単語は、カタカナ読みでも、ちゃんと通じます。

　他方、コーヒー、ハンバーガー、ポテト、シャンプーなどは、アクセントを英語っぽくしないと通じにくい単語。顔の表情や声の抑揚豊かに、多少大げさにアメリカンな雰囲気を演出するのも楽しい工夫です。「食べ物」「スポーツ」「家の中にあるもの」など、カテゴリーを絞り、グループ対抗のゲーム感覚でブレーンストーミングを行うのも楽しいでしょう。

　そして、こうして出てきた単語に、I want や I like をつければ、すぐに役に立つ英文ができあがります。文法の第一歩は、このあたりから始めるのが私のオススメの方法です。

3）分からないことは分からない、と認める

「教えるのではなく、ともに学ぶ」際に、最も大切なのがこの原則かもしれません。そんなことをしたら教師としての信用が落ちる、と心配する方もいらっしゃるでしょう。しかし、英語に限らず、世界のことを全部知っている人間は一人もいません。ソクラテスの説いた「無知の知」からスタートしようではありませんか？

スクール・ルールにもよりますが、タブレットやスマートフォンを活用して、教師と子どもたちがコンテスト形式で、リサーチして発見するのは、ワクワクする楽しさをもたらします。

私自身、「カレンダーの語尾は –er だったか –ar だったか」「このワードのスペルは、l が一つだったか、二つだったか」など、とっさにでてこないケースがままあります。

この節は、意識的に、カタカナ言葉を多用してみましたが、私が「ルー大柴方式」と呼ぶメソッドも使えます。日本語の会話文の中に、知っている英単語をちりばめるのです。派手なジェスチャーも楽しさを倍加します。子どもたちには、「世界の果てまでイッテ Q」の出川さんの方法と言った方が分かりやすいかもしれません。分からない言葉に遭遇したら、すぐに調べると、印象に残りやすく、一生の財産になります。

■給食の時間は大チャンス！

英語学習時間の捻出が難しいと感じている方にとって、給食時間は、絶好のチャンスになります。日本人が英語を使うシチュエーションの上位に来るのが「食事」の場面。トレイの上の料理を指し示しながら、「好きは like、大好きは love」「単語が分からなかったら指で差して this、that」「おいしいは good、yummy」。これだけで、ちゃんと食卓の会話が実現します。

献立表（メニュー）を、絵に描き、カタカナ英語で表現するととても

楽しくなります。また、茹でる（ボイル）、炒める（フライ）、油で揚げる（ディープフライ）や、胡椒（ペッパー）、醤油（ソイソース）など調理方法や調味料の知識をもつことも、とても役に立ちます。

　子どもも大人も、インプットよりもアウトプットの方が楽しいのが一般的。学校の周りの絵地図や動物園の絵に英語のキャプションをつけるのもよいですね。

　もしも、保護者の中に、英語力が高く、発音のよい方がいらっしゃったら、ぜひ協力していただきましょう。「英語が話せること」と「小学生を指導できること」の間には大きなギャップがあります。そのあたりを体感していただくことが、クレームを防ぐポイントになるでしょう。教室に来ていただくのが難しければ、スマホで動画を撮り、教室で流すこともできます。ALT や AET が頻繁に教室に足を運んでくれない、と嘆くよりも、「あるもの」「活用できるもの」を探していくことが大切です。

　言葉ができるようになることは、人間にとって、大きな喜びの一つ。「英語を教えなければならないという義務感」から自己を解放し、「子どもたちと一緒に新しい世界を発見していく喜び」へと転換するお手伝いをしたいと願っています。

4　Teaching から Learning + Coaching へ

　英語は、教わるものではなく、自ら学ぶものです。その言語に触れることで、自然に学び取る力が備わってきます。

　私のところにやって来る、生徒、学生、社会人の人たちの誰もがする質問は、

「本間先生、英語が話せるようになりたいのですが、どうやって勉強したらいいですか」

英語教育	英語学習
教師が TEACHING	学習者が LEARNING
学校・英会話学校	随所で学習可能
教科書中心	多様な学習資源
インプット中心	アウトプットを意識
画一的 　学習目的、ニーズ 　学習スタイル、学習速度 　スケジュール	個別的 　学習目的、ニーズ 　学習スタイル、学習速度 　スケジュール
テストが目標	テストは参考程度で実用性重視

というものです。

これに対しては、答えようがないのです。

その人にとってベストな学習方法は、その人がいろいろ試した結果として、Ａさんにとってはこれ、Ｂさんにとってはこれと、事後的、結果的に言えることはありますが、占い師がやるように水晶の玉を見て、

「あなたにとってよい方法はこれ」

とお示しすることはできません。

ただ、こんな方法があるよ、あんな方法もあるよと、様々な方法を紹介し合うことはとても大切です。

したがって、

「どうやって勉強したらいいですか」

という質問に対しては、質問で答えます。

「今、どんな勉強の仕方をしていますか」

それに対して、多くの人は、

「まだ何もしていません。一番いい方法が分かったら、それをやろうと思っています」

　私は、そういう様子を「先延ばし症候群」と呼んでいます。

　路上駐車している車の向きを変えることは極めて困難です。車は、小さいものでも重さは１トン近くあります。屈強な男性が20人がかりでも、一人当たり50キロ分を持ち上げなくてはいけないわけですから、本当に大変です。

　ところが、遅くてもトロトロと動き始めた車は、一人がハンドルを握って、二人くらいで押せば、ヒューッと向きを変えることができます。

　どんなに遠い道のりであったとしても、いつか目的地点に到達することはできます。動き始めることが大切なのです。

　ですから、

「どんな方法がいいですか」

　と聞かれたら、

「とりあえず、何でもいいから始めてみようよ。NHKの基礎英語でもいいし、音楽を聞くのもいい、スポーツの中継を観るのでもいい、DVDを借りてくるのもいいでしょう。本を持っているのでしたら、とりあえずそれからやってみましょう」

　と、とにかく何かを始めることをすすめます。やってみて、これは難しいなあと思ったら易しいものに変えればいいのです。逆に、易しすぎるなと思ったら難しいものに変更すればいいでしょう。この服、自分には似合ってないなと思ったら、他の服に変えたらいいのです。試着してみよう、ということです。試着のプロセスなしには、何が似合うのかは分かりません。だから、まずはいろいろ試してみることが大切なのです。

　また、教える立場として、「教育者の役割は何か」と考えた時、「楽しく学んでいる学習者のお手本であること」との気持ちをいつももっていていただきたいと思っています。

　私自身、１年の間に、何回もの教員研修を行いますが、世の中で行われている教員研修というもののほとんどは、「仕方ないな、今日研修会だよ」と「やらされ感覚」満載で参加者が集まっているものです。でも、これはもったいないことです。

　本来、学ぶことは楽しいものです。

「新しい発見があったり、今までできなかったことができるようになったり、新しい人と出会ったりして、楽しいことがいっぱいあります」

　ということを体現している人が講師をされる研修会もありますが、

「勉強というのは、つらく悲しく苦しいことだ。人生の中で一番大事なのは忍耐力だ。俺のことを見てみろ」

　と壇上で話をされる講師もいて、これはあんまりだと思います。

　子どもたちにとって、教師はよいロールモデルでありたいと思います。楽しく生き生きと共に学んでいる先生の姿を見せることが、何よりも大事なのではないかと思っている次第です。

■ダイアローグ（対話）の基本

　ギリシャの哲学者であるソクラテスやアリストテレス、プラトンなどが広場に集まって哲学問答をしました。答えが一つに決まっていない問いを発して、「ソクラテスよ、あなたは正義とは何だと考えますか」「プラトンよ、あなたは愛とは何だと考えますか」と。これが、ダイアローグ、対話の原点だと言われています。

　こうした問答を繰り返すことによって、デルフォイ（デルポイ）の神殿の神の真理に迫っていくのです。これがダイアローグです。ローグというのはロゴス、言葉とか論理という意味です。ロジカルシンキング、論理的なというのは、ロゴスからきています。ダイアは、向かい合うという意味です。そこから交流するという意味が生まれました。ダイアローグは、言葉や論理を交わすこと、交流することです。

　ダイアローグの基本ルールは、４つです。

```
①聴き合う
②否定しない
③視点を広げる
④自分の意見を言う
```

「話し合い」という言葉はありますが、「聴き合う」とはあまり言いませんが、コミュニケーションの中では聞くことが一番大事です。

　そして、２つめには、否定をしないことです。ディベートでは、基本的に否定をします。これは、論理的思考力を高めたり、表現力を伸ばしたりしていくためには、非常に重要なことです。ただ、ダイアローグでは否定をしません。全面的に肯定しなくてもいいのですが、なるほどそういうふうに考えているのですね、と受け止めることを大切にしています。

　そのことが結果的に、視点を広げることにつながっていきます。

　最後に、自分の意見をきちんと言うことです。日本人は、自分の意見を言いたがらないと言われますが、学校教育の中で自分の意見を言う機会が本当に乏しいのです。自分の視点から自分の意見を言うトレーニング、例えば菊池省三先生が実践されている「ほめ言葉のシャワー」は、その意味でもとても素晴らしいと思います。

■３つの動画から英語教育を考える

　以下の３つの動画を Youtube でご覧ください。それを見て私が考えたことを簡単に紹介します。

```
【動画①】
● The world's English mania – Jay Walker
https://www.youtube.com/watch?v=ZpILR21GWao&t=74s
```

【動画②】
● 'Speed Painter' Takes Stage in 'Anderson's Viewers Got Talent'
　https://www.youtube.com/watch?v=I9ficvPdpZg
【動画③】
●蛯名健一ダンス動画（EBIKEN）America's Got Talent
　https://www.youtube.com/watch?v=l1dPi-C3JOA

動画① QR コード	動画② QR コード	動画③ QR コード

◎動画①

　TED（アメリカの世界的講演会を開催する団体）の Jay Walker さんの動画です。「The world's English mania」とタイトルがついています。マニアは、偏執狂という意味です。ビートルズのマニアもいれば、宗教にはまる人もいれば、国粋主義の人もいます。今、世界中で英語勉強熱が異常に高まっていますが、それをイングリッシュマニアと言っています。英語はあまり気にしないで、眺めていただくだけで大丈夫です。

　日本人は、お客であるにも関わらず海外のレストランで生徒になってしまいます。この英語で正しいかな、間違っていないかなと心配ばかりしてしまいますが、コーヒーがほしいときは、普段言っているようにコーヒーと言えば通じます。

　私たちが、必ずしもいつも文法通りには日本語をしゃべっていないように、イギリス人もアメリカ人も、文法通りには英語をしゃべっていません。そんなに気にしなくてもいいことなのに、正確に話さなくてはいけないという固定観念をもってしまっているのです。

　ただ、英語は話せる方が望ましいということは事実です。世界中の人が英語を勉強しています。アメリカ、イギリス、オーストラリアだけではありません。ASEAN の共通語は英語です。イギリスが EU の離脱を決めていますが、イギリスが抜けたあとも EU の公用語は英語で、会議はドイツ語でもフランス語でもなく英語で行います。国連の公用語は 6 か国語ありますが、結局英語が一番通じます。

　こうした意味で、英語ができると世界で通用するということを確認したいと思います。

◎動画②

　アンダーソンという「Speed Painter」の動画です。「何を描いているのかしら」と審査員がいろいろ話していますが、聞き取りづらいので、話していることは気にしないで、「このおじさんは何を描いているのかな」と見てください。

　このパフォーマンスを一発で成功させるために、この人はどれだけの練習をしているのでしょう。描いては眺め、「ここをもうちょっと膨らませよう」とか、描いては見直し、「あっ、ここもうちょっと鼻をはっきり描こう」と何回もやって、この絵を完成させています。

　間違えると思ったら語学の上達も、絵の上達も叶いません。やってみて、改善していく積み重ねが大事です。間違えないようにしようと思っていると、永遠に上達しません。

　私たちは、日本語を習得しているときには、何回もいろいろなこと言い間違えてきたはずです。でもいつの間にか正しい言葉を身につけてい

ます。その意味では、場数の積み重ねが上達のカギです。

　嫌いだと思ってしまうと、場数を踏まなくなりますから、上達しようがありません。アンダーソンさんは、絵を描くことが好きだと思います。実際に得意なのでしょう。だからやり続けますし、やり続けたので上達するのです。

　語学の前にコミュニケーションです。動画の中の審査員の人たちが何を言っているかは分からなくても、私たちは「訳の分かんないことやっているわ」というようなことを言っているのだろうと、想像はつきます。素晴らしいということを、ファンタスティック（fantastic）とかアメイジング（amazing）とか言っていますが、一番通じたのは、ワオ！です。

　ワオ！と言えばみんな分かってくれます。むしろ、立ち上がって拍手することの方が大事だということをこの動画は伝えていると思います。

　文法は関係ありません。大きな声で、ワオ（wow）！　小学生英語は、この辺りから始めたら楽しくなると思います。

◎動画③

　もう一本、蛯名健一さんのパフォーマンスの映像をご覧ください。ダンスみたいなパフォーマンスで、パントマイム、マーシャルアーツ（武道）、ロボットみたいな動きも含まれています。審査員は、ファンタスティックとか、アメイジングとか、オーサム（awesome）、もちろんワンダフル（wonderful）も言っていますし、それからマグニフィシェント（magnificent）というタージマハールとか姫路城とか大きな荘厳なものをいうときに使う言葉も使われています。

　蛯名健一さんは、素朴な自己紹介しかしていません。でも、それで十分です。あとはほぼ、サンキューしか言っていません。世界に通じる技術があれば、あとはちょっとした自己紹介とあいさつで、海外でも活躍

できるということを見事に証明しています。英語が得意ではなかったとしても、審査員や観衆を感動させることは可能です。皆、目を見開いています。コミュニケーションには、そういう非言語コミュニケーションも含まれます。言葉だけではなくて、非言語メッセージ、立ち上がったり、拍手をしたり、親指を立てたりして感動を表現しています。

　日本の英語教育の足りないところはここです。座ったままで「アメイジング」と言っても相手に伝わりません。感情を伴う学習は、長い間、記憶に定着しやすいのです。このことは、英語の学習に限りません。あらゆる授業の設計の中に、子どもたちの感情が動くような、おもしろい、興味深い、わくわくする、たまには悲しみもあるような、感情の動く体験を学校教育の中にどれだけ取り入れていけるかが、とても大事なのです。

　45分の授業の中に、どこに感動を入れるかということを考えている先生は少ないのではないかと想像します。授業の中身を多少減らしても、感情を伴う学習を取り入れた方が、子どもたちにとってプラスになるのではないかと私は考えているのです。

5　まず、先生が英語に親しもう

■英語ができるようになるとどんなよいことがあるか

　先生方同士で、あるいは、子どもたちでもグループをつくって、「英語ができるようになるとどんなよいことがあるか」というテーマの話し合いをしてみることをオススメします。「原語で本が読める、仕事の選択の幅が広がる、映画が字幕なしで観られる、買い物がしやすい、メニューが読める、世界が平和になる、英語の論文が書ける、発信力がつく」など、いろいろ考えられると思いますが、個人的なこと、社会的なこと、それらをなるべくたくさん出して、自分たちの英語学習に対する

意欲を高めていただきたいと思います。

　ある機会にこのテーマで話し合いを行った際には、次のような意見が出されました。

・海外で一人旅ができる

・笑いの幅が広がる

・外国の人とコミュニケーションがとれる

・友達が増える

・現地のレストランで写真がなくてもメニューが分かる

・宇宙について考えるきっかけになる

・働く選択肢が広がる

・国際的な Youtuber になれて、金持ちになれる

・視野が広がるというか、自分の世界観が広がる

・日本のことを英語で発信ができる。

　例えば、テニスの錦織圭選手などは、子どもにとっても憧れの存在です。憧れの日本人が英語をしゃべっている映像を子どもたちに見せてあげることは、英語の学習意欲を高めていくきっかけになります。

　英語授業の1回目に、「はい、教科書の3ページを開いてください」と言うことは、やめていただきたいのです。英語ができるとどんなよいことがあるのか、どんな可能性が広がるのかということを、1回目の授業でやりましょう、というのが私の提案です。

　ウォーミングアップが必要です。いきなり100ｍ走を全力でできる訳はありませんから、入念に柔軟体操をして、ストレッチをして、体を温めて筋肉をほぐしてから本番に臨むように、英語の本格的な授業に入る前に、英語に対して子どもたちがどんなイメージをもっているか、英語ができるとどんなよいことがあるか、それを考えるところからスタートしようというのが私の提案です。

■先生が英語に親しむためのグループワーク

　ここから、先生たちが英語に親しんでいただくための具体的なグループワークを紹介します。

　アウトプットをする時には、みんな笑顔になります。インプットの時に楽しそうに笑っている人は、滅多にいません。アウトプットは、自己表現ですから、楽しみや喜びがあります。その人らしさが出ますし、他人から見ると「そうきたか」みたいなことがあって、とても楽しいものです。アウトプットすることは楽しいということを原理原則として、大いにそのための機会をつくっていただきたいと思います。

●2文字目しりとり

「2文字目しりとり」は、その名前の通り、単語の「2文字目」をとって次につなげていくゲームです。

　Apple → Power → Orange → Railway → Answer →　…

　これは、英語でしりとりしようとして思いついたやり方です。

　英語は、Yで終わる単語がむやみやたらに存在します。ly をつけると副詞がいっぱいできます。ですから、Yで終わる単語はいっぱいありますが、Yで始まる単語は、そんなにたくさんは出てこないのです。それでどうしようかと考えて、「そうだ、2文字目でしりとりをしようと」考えたのです。

　例えば、Apple。2文字目はPです。例えば、Power。Oで始まる言葉、Orange。Rで始まる言葉、Railway。Aで始まる言葉、Answer。とやっていきます。

　やってみると分かりますが、これはかなりつながります。どうしてつながるかというと、2文字目には結構な確率で母音がくるからです。「またOが来ちゃった」となっても、何万語もあるから大丈夫なので

す。

　ボキャブラリーには２通りあります。読めば意味が分かるもの、これをパッシブボキャブラリーと言います。日本の学校での英語教育のように訳読が中心だと、読めば意味が分かる言葉をいっぱいもつようになります。ところが、すぐに使えるかというと怪しいのです。

　使える言葉を、アクティブボキャブラリーと言います。自分の会話の中で使える言葉です。

　多くの日本人の学習者は、このパッシブボキャブラリーとアクティブボキャブラリーの間に大きなギャップがあるのです。

　この「２文字目しりとり」は、知っている言葉を、Ａの箱、Ｂの箱、Ｃの箱というように、手前の小引き出しに入れることによって使いやすくする機能をもちます。必要な時にすぐ引き出して使える状態にするためにパッシブボキャブラリーをアクティブボキャブラリーに変換していくのです。

　ボイスオブアメリカ（Voice of America）という世界中で聞くことができるアメリカ政府が運営している国営放送があります。その中で、「スペシャルイングリッシュ」という易しい英語でニュースを発信する番組があります。原稿は、固有名詞を除いて1,500語の基本単語で書かれています。ですから、めったに使わない単語を覚えるよりも、知っている言葉を使えるようにすることの方が、多くの日本人にとって優先順位が高いのです。

　小学校英語のメリットがあるとするならば、限られた時間の中で限られたボキャブラリーを、本当に使えるようにするための練習をたくさんするということではないかと思います。

　これまでの世代の日本人が、知っているのに使えなかったという反省を踏まえて、切り替えていくチャンスだと思います。小学校はボキャブラリーが限られていますから、それを使えるようにしていくということ

が、教育者の大きな役割の一つではないかと考えています。

●イメージ連想

「2文字目しりとり」は、文字情報に重きを置いた左脳型トレーニングですが、「イメージ連想」では、ある単語からイメージされる単語を次々とつなげていきます。

「りんご」から始まる「イメージ連想」では、次のような展開が可能です。

> Apple（りんご）→ Red（赤）→ Blood（血）→ Hospital（病院）
> → Doctor（医者）→ Nurse（看護師）→

「2文字目しりとり」の方が好きだ、やりやすいという人もいれば、「イメージ連想」の方がやりやすい、という人もいると思います。

これは、左脳と右脳ということです。

ざっくりと言えば、スペリングが浮かぶということは、脳の中の左側の言語領域の血流量が増えて活性化している可能性があります。また、「イメージ連想」の方は、apple と言った時にリンゴの絵が浮かんで、映像やイメージ力を駆使する右脳型トレーニングと言えるのです。言語の習得では、映像と音声と文字のキャッチボールが非常に重要です。私たちが日本語を覚えたときに、文字からスタートした人は誰もいないと思います。映像と音声を結びつけるのが、語学の習得の第一歩で、文字が出てくるのはだいぶ後になります。

日本の英語教育では、「This is a pen.」と、「ティー・エイチ・アイ・エス」と習ってきたものを、今度は「ディス」と読むという、とても不思議な、文字と音が1対1対応していない言語に出会い、ここでつまずいてしまう子どもも少なくありません。

人によって学習スタイルは違うのですから、映像から入ると学習しや

すい子も、音声から入ると学習しやすい子もたくさんいます。こうした学習者の多様性も前提として理解しておいてください。

●山手線ゲーム
あるカテゴリーに属する単語を順番に1つずつ言っていきます。

> 【例】
> ・色（red, blue, black, yellow, …）
> ・動物（dog, cat, rabbit, sheep, …）
> ・身体の部分（hand, arm, ear, nose, …）
> ・世界の国（Canada, China, Italy, France, …）

幼児英会話教室でもこれを最初に行っているようです。

手拍子が入るとだいぶ楽しくなります。こうしたゲームをするときに大切なことは、できなかった子がいたときに、それを責めたりいじめたりしないで、「じゃあ、次いこうか」と言って笑顔で進めていくことです。ヒントを多く出してあげて、「灰色って何て言うんだったかな？」「緑色は？」と、その状況を見ながら、先生がうまくリードしてあげることです。

一方で、先生が知らない言葉を誰かが言ったとしても、それは困ったことではなくて、一緒に調べるという立場に立つことも大切です。その場でタブレットやスマホで一緒に調べたら、「あ、先生も一緒に学んでくれている」という感じになります。自分が知らないことが出てきたときに、それをピンチだと思うのが教育学的な発想ですが、日本語でも全部を知っていることはありえないわけですから、ましてや英語になったら知らないことはたくさんあります。

一緒に調べることで、その習慣をつけてあげる方が、学習者への指導としては適切だと思います。新しいことを一緒に学習していくというス

タンスを、私は大事にしたいと思います。みんなで「最新学習歴を更新し続ける」というスタンスでいたいですね。

●ブレーンストーミング

（1）できるだけ数多くアイディアを出す

（2）否定しない

（3）全員が記録する

《テーマ例》

1　英語由来の食べ物の名前

2　色の名前

3　形容詞

4　教室の中にあるもの

5　家族、親戚

6　天気に関する言葉

7　動詞（-ing）

8　朝起きてから寝るまで

9　数字

10　動物の名前、花の名前

「ブレーンストーミング」を通して、「日本人は、かなり英語を知っている」ということを体感していただくことも効果的です。

　私は、英語が由来の食べ物の名前のリストアップをよくします。私たちの周りには、カタカナで書かれている食べ物が多く存在します。もちろん、フランス語やイタリア語、スペイン語からきているものもありますが、やはり英語のものが多いですね。

　小学校で実施する場合は、カタカナで書かせればよいのですが、大人がやるときは、なるべく英語で書いてみたいですね。ただ、スペリング

が間違っていても気にしないでください。今の時代は、ワープロソフト
が自動的に直してくれます。

　他にも、「形容詞」「教室の中にあるもの」…などと、いろいろ集めて
みてください。

●学習資源のリストアップ【学習スタイル別】

〔Visual〕　　　目から学ぶ（視覚）
　　　　　　　　DVD（英語字幕）、テレビ
　　　　　　　　Youtube
　　　　　　　　スカイプ英会話

〔Auditory〕　　耳から学ぶ（聴覚）
　　　　　　　　音楽（曲名 + LYRICS）、カラオケ
　　　　　　　　ラジオ（NHK はストリーミングで）
　　　　　　　　Siri で発音チェック
　　　　　　　　Google Translate
　　　　　　　　Global Voice を活用

〔Kinesthetic〕 身体で学ぶ（身体）
　　　　　　　　高速筆写
　　　　　　　　スポーツ、ダンス

〔Verbal〕　　　言葉そのものを学ぶ（言語）
　　　　　　　　本、雑誌を読む（定期購読は NG）
　　　　　　　　My 単語集を作る（エクセルで）

> 〔ビジネス英語を学ぶ〕
> 　　　　会社のホームページ（社長メッセージ、同業他社）
> 　　　　英語 de コーチング（日本経済新聞出版社）
> 　　　　TOEIC（同じ問題集を何回も音読する）

若干補足します。

◎ DVD

　DVD をレンタルしてきても、多くの人は 1 回しか観ないのではないでしょうか。もったいないですね。5 回観ても、10 回観ても、レンタル料金は変わりません。

　アメリカの映画を DVD で観る場合、ほとんどは「英語の音声＋日本語の字幕」で観ていると思います。でも「英語の音声＋英語の字幕」で観ると、今、何を言っているかがよく分かります。また、「日本語の音声＋英語の字幕」で観ると、英作文の練習になります。

　せっかく借りてきたのですから、最大限活用したいものです。そうすると、DVD は本当に素晴らしい教材になります。

◎ lyrics

「lyrics（リリックス）」。これは、「歌詞」という意味です。世の中に出回っているほとんどの曲は、「曲名＋ lyrics」で検索すると、歌詞が出てきます。

　歌詞の意味が分からない場合は、グーグル翻訳に入れると瞬間に訳してくれます。「日本語→英語」の翻訳の正確性はまだ厳しいですが、最近は、「英語→日本語」はずいぶん進化しました。

　グーグル翻訳には、音声読み上げボタンも付いていますから、すぐに音声で聞くこともできます。

　ガラス製品を作っている HOYA 株式会社が開発した「Global Voice」というソフトウェアがあります。音声合成ソフトウェアです。無料版は、200 レター（200 文字）までしか入りませんが、試しに使ってみてください。相当上手な発音だと思います。完全な音声教材として使えます。

http://voicetext.jp/products/globalvoice/

◎ラジオ

　英語の学習方法には、向き不向きがあり、視覚優位の人もいれば、聴覚優位で耳から学ぶのが好きな人もいます。

　現在、NHK の語学番組のほとんどは、ストリーミングで聞くことができるようになっています。私自身、2002 年には、NHK 教育テレビの「英語ビジネスワールド」、2004 年には、「実践・ビジネス英会話」、2012 年には「3 か月トピック英会話」の講師をさせていただきました。忙しい人が番組表に合わせようとすると、長続きしません。録音すると、聞かないままたまっていきます。毎回、完璧に聞かなくてはという思い込みをはずし、聞けるときに楽しんで聞くのが正解です。

◎高速筆写

「身体で学ぶ」、これはあまり行われていない方法ですが、実際に体を動かして、ダンスを踊りながら英語を覚えるという方法などがあります。

「高速筆写」というのは、千田潤一先生から教わった方法です。手で英語を覚えていくという方法です。

「人生は一度しかない」を「There is only one life.」と訳す人がいますが、間違いではないかもしれないけれど、英語では、「You only live once.」と言います（ちなみに、映画『007 は二度死ぬ』は、「You only live twice.」です)。

「高速筆写」は、例えば、この「You only live once.」を15秒間になるべくたくさん書くという練習方法です。発音は気にする必要はないので、「You only live once.」と口ずさみながら、丁寧に書く必要はありませんので、とにかく速くたくさん書くことを意識してください。

　アポロ11号の月面着陸を伝えるテレビ中継で同時通訳をされた國弘正雄先生は、生前、80歳を過ぎても中学2年生の英語の教科書を書き写すということをトレーニングとしてずっとされていたそうです。

　中学校の英語の教科書は、ほとんどの人が読むことはできますが、あのクオリティの英文を書くとなると、日本人には至難の業です。また、キーボードで英文をタイプするよりも、書いた方が脳を活性化させるようです。中学校の英語の教科書を書き写すことで、文章が心の中に記されていくのです。

　夏目漱石、福沢諭吉、新渡戸稲造といった方々は、教材が不十分な時代にすばらしい英語力をもっていました。それは、書くということを必死にやっていので、英語の作文能力が高かったのです。

　速く書いたり、声に出して音読したりするというのは、今日でも有効な英語学習の古典的な方法なのです。

◎エクセル単語集

　新しく出てきた単語を記録するツールには様々なものがありますが、オススメはエクセル（Microsoft Office Excel）での管理です。

　紙のノートの場合、次々に増える単語を書き足すたびに分類が難しくなっていきます。リングで留める単語カードもありますが、小さすぎて例文は書けないし、カードを入れ替える作業が結構面倒です。

　その点、エクセルはクリック1つで入れ替えができます。「アルファベット順」「品詞別」「ジャンル別」など、基準をあらかじめ設けておけ

ば、並べ替えも簡単です。しかもセルには番号がついていますから、自分の語彙がどれだけ増えたかを数字で確認することもできます。

◎ TOEIC 問題集

TOEIC の問題集や過去問題を何回もやるというのも、大変効果的です。折角、3,000 円程度のお金を払って CD 付きの問題集を買ったのでしたら、10 回くらいは繰り返し練習してください。10 回くらいやると、次に何が出てくるかを覚えてしまいます。TOEIC、TOEFL は、出題傾向が決まっていますから、それを繰り返し聞き、繰り返し読むということをオススメします。

6　おわりに

「実際にやってみよう」と思っても、「うまくいかなかったら、どうしよう」と思うのは誰もが同じです。

ただ、どうぞ、前向きにチャレンジをしていただきたいと思います。ある一時点では成功とは呼べなかったとしても、それを失敗と呼ぶのはよそう。それは、失敗ではなく未成功と呼ぼう－というのが私の提案です。英語でプレサクセス（pre-success）と呼んでいます。私の造語ですが。

大きな成功をつかみ取るためには、質の高い未成功を積み重ねていくことが重要なのです。一発で大成功とはなかなかいきまん。しかしながら、とにかくやってみることが大切です。

トーマス・エジソンは、白熱電球を発明しました。電球が完成したところに新聞記者がやってきて、

「エジソンさん、おめでとうございます。ついにやりましたね。ここに来るまで、何回も失敗しましたね」

と尋ねます。エジソンは、答えます。

「いや、私は一度も失敗したことなんかありませんよ」

「うそばっかり。ここに、没になった材料の山がありますよ」

「私は、こういう条件でこの材料を使うことはできない－そんな発見を積み重ねてきただけです」

私も同感です。

英語学習一つとってみても、こうすればうまくいくということが最初から分かっているわけではなくて、いろいろチャレンジしてみて、この学校の、この学年の、この子どもたちにはこういう方法が合っている、これが向いている、これがうける、ということが少しずつ見えてきて、さらにいろいろやってみた挙句、あとから分かるものなのです。

チャレンジを止めてしまったら、進歩につながりません。一人ひとりが、それぞれの立場の中で、いろいろな創意工夫、いろいろなチャレンジを積み重ねていっていただくことを期待したいと思っています。

皆様との経験交流ができることを願っています。

本章は、「今の教室を創る 菊池道場機関誌『白熱する教室』」（中村堂）の第8号（2017年春号）、第12号（2018年春号）、第15号（2019年冬号）に掲載された内容、および2017年10月1日に福岡県北九州市で開催された「小学校英語導入のための一日講座」の中で話された内容を再構成し、まとめたものです。

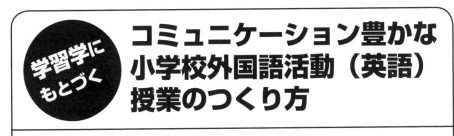

学習学に
もとづく

コミュニケーション豊かな
小学校外国語活動（英語）
授業のつくり方

第2章
コミュニケーション豊かな
小学校外国語（英語）授業を
構想する

第2章

コミュニケーション豊かな 小学校外国語(英語)授業を構想する

白鷗大学准教授　**関戸　冬彦**
(本章「3」のみ) 高知大学自律学習支援センター　**柳瀬　真紀**

1　はじめに

■「学習学」、「菊池実践」─その「小学校外国語」の授業への展開

　第1章では、本間正人氏が、ご自身が提唱される「学習学」とそれに基づく英語への接し方と英語に対峙する教師のあり方を述べられてきました。

　第2章では、そうした考え方を基本に据えながら、実際の小学校外国語、なかでも英語の授業をどのような展開でしていけばよいかを具体的に提案したいと考えています。

　その根底には、本間氏の「学習学」と、本間氏が代表理事を務めるNPO法人ハロードリーム実行委員会が推進している「笑顔のコーチング」、さらには本間氏と懇意で教育観を共にする菊池省三氏による「菊池実践」が流れています（両者の教育観、教育に対する想いについては、共著による「コミュニケーション力で未来を拓く　これからの教育観を語る」（中村堂）を参照してください）。

　つまり、本章で提示される小学校英語教育のあり方とは、「学習学」「笑顔のコーチング」×「菊池実践」×「小学校英語」の総体をさします。

　それらをシンプルに、かつ大枠的にまとめると、小学校英語教育のめ

あてとは、「英語でコミュニケーションをとり、互いのよさを知る」ということです。

「英語でコミュニケーションをとり、互いのよさを知る」ために、まずは「学習学」「笑顔のコーチング」×「菊池実践」×「小学校英語」の全体としての具体的なゴール、小学校での英語教育を通して児童がこんなことができるようになってもらいたい、こんなことができるようになって中学校に進んでほしい、という具体的な目標のことです。

　それは、

> 　菊池実践「ほめ言葉のシャワー」を英語でできるようにする
> 　笑顔のコーチング「ヒーローインタビュー」を英語でできるようにする

です。

「できるようにする」は、小学校新学習指導要領（平成29年告示）「外国語活動・外国語編」の目標で使われている文言ですが、本章でもでそれにならって目標としました（だからといって、「できる／できない」という評価を下すわけではありません）。そこには、本間氏や菊池氏が語る、ポジティブな気持ちでコミュニケーションができる姿勢を養いたいという普遍的かつ根本的な願いがあり、それは友達を尊重すること、クラスを尊重すること、教室や学校といった環境を尊重することにつながっています。

　もちろん、こうした姿勢のある程度は自明のことですから、「学習学」や「菊池実践」のことを知らずともすでに行っている、できる、あるいは外国語活動そのものにそうしたことはすでに織り込み済みである、といった意見もあろうとは思います。

　しかし、「外国語活動＝コミュニケーション」というおぼろげな認識だけでは、それは表層的なものとなってしまう恐れもあり、本章では、

「学習学」「菊池実践」を意識しながら行うとどう異なるのか、どうより効果的になるのかを示したいと考えています。

　本章では、以上のことを展望しながら、まず大学での英語授業において菊池実践の一つである「ほめ言葉のシャワー」の取り組みについて報告し、さらに同じく大学の英語授業での「笑顔のコーチング」を実施した成果を報告します。

　そして、最後にそれらを踏まえた上での「小学校外国語（英語）授業」の具体的実践の提案をいたします。

2　英語の教室で自己肯定感を高めるための一活動 ――「ほめ言葉のシャワー in English」

■はじめに

　この報告は、首都圏近郊の私立大学での英語の授業の中で、自己肯定感を高めるために行った活動に関するものです。

　最初に、自己肯定感を高めるきっかけとなる「ほめ言葉のシャワー」について簡潔に説明し、その目的、概要、効果を明らかにします。つぎに、「ほめ言葉のシャワー」を英語の授業に導入するに至った経緯と実際に行った活動、運営方法を報告します。

　そして、活動後に行ったアンケートから活動の結果や学習者たちの反応を分析し、達成できた点、改善すべき点を挙げながら、今後の可能性や発展性についても触れます。

■「ほめ言葉のシャワー」とは

　「ほめ言葉のシャワー」とは、元小学校教諭である菊池省三氏が提唱している活動で、「日替わりで、その日に対象になった子の『いいところ

見つけ』をして、帰りの会でみんなが発表し合う」（後述の〔参考文献〕
p.39 以下同）ものです。

　これには「全員が『ほめことばのシャワー』を言い終わったら、シャ
ワーを浴びた子が、お礼や感想のスピーチを述べ」（p.172）るという活
動も含まれます。

　菊池氏は、この活動を「観察眼と価値あることばを身につけてほし
い」（p.39）との願いから 20 数年前より始めたそうです。そして、今や
この実践は、菊池氏個人のみならず、菊池道場の名のもとに全国各地へ
と広まり、最近では全国の支部が毎週末その活動報告を行うセミナー、
勉強会を自主的に開催するまでに発展してきています。

　こうした活動は菊池道場の報告や菊池氏ご自身の言葉からも分かる通
り、「自分と同じように相手の存在も大切に思う信頼感を育み、温かい
学級を生み出していく」（p.14）効果があり、教室に集う生徒、児童、
学生、学習者がお互いの存在を認め合うことで人としての相互信頼を育
み、結果として教室がよい雰囲気になり、自分に自信をもてるようにな
る、言い換えれば自己肯定感を高めることができる活動と言えます。

　また、「ほめ言葉のシャワー」では決まったフレーズを言うのではな
く、個々の観察のもとにいわば即興的なアプローチで発言することが求
められるので、必然的に言う側、聞く側、同時にどちら側にも即興力が
身についていくのです。

　菊池氏の実践例は小学校が中心ですが、自己肯定感を高める必要があ
るのは小学生に限ったことではないはずです。自己肯定感を高める必要
がある場所には「ほめ言葉のシャワー」が必要である、と言ってよいの
ではないでしょうか。

■活動までの経緯と活動報告
　私が菊池氏の存在と活動を知ったのは 2017 年春のことでした。

　知人より NHK 番組「プロフェッショナル　仕事の流儀」に出演したことのある小学校教員が高知県いの町で教育特使を務めていると聞き、興味をもち、早速 DVD で「プロフェッショナル」を観てみました。

　そこに収められていた菊池氏の実践、教員としての立ち振る舞い、考え方にすぐに共感を覚え、見習うべきところ、取り入れられるところは教室に導入しようと即座に思ったことを今もよく覚えています。

　そして、そうした機会が実際に訪れたのは 2017 年秋学期の開始直後のことでした。

　当時担当していた 2 年生の週 2 回配当の授業でちょっとした「問題」が起こったのです。

　それは、授業に出ないで（故意に単位を取得しないで）、次年度以降に制度上認められている英語外部試験で一定以上の点数を取り、単位認定の振替を行いたいという意向をもつ学生が現れ、それがじわじわとクラス内の他の学生たちにも波及しそうな雰囲気になってきていたのです。

　もちろん、そうした手段を行使するか否かはあくまで学生個人の判断ではあるのですが、クラス担当教員としても、またカリキュラム運営に携わる者の観点からも、これは積極的に推奨されるべき手段ではありませんでした。むしろ、なんとかして教室で学ぶことに意義を見出してほしいと願いました。

　そこで、今こそ、教室に集う学生たちが教室に来て互いに学び合うことの意義や大切さに気が付き、教室で共に学べる温かさのようなものを感じるためには、「ほめ言葉のシャワー」を導入して、そうした「教室離れ」を防ごうと考えました。そうすることで、より教室に自発的に来て学ぶ姿勢を保ち、かつクラスの雰囲気もよくなって集いやすくなるのではないかと考えたのです。

　しかし、こちらからの一方的な押しつけでは反発もあるかもしれない

と考え、学期開始後かなり早い段階の授業で、

"What do you want to learn in this class? What do you want to do?"

と授業の中で問いかけ、全員で自分たちの学びたいこと、したいことを出し合って話し合う機会を設けました。

　もちろん、テキストはすでに既定のものがあり、またシラバスにおける目標などは踏襲しなければならないのでそこは遵守し、あくまで実際の教室内での活動や学び方に関するディスカッションをしてもらったのです。

　学生たちからは自発的にいろいろなアイディアが出たのですが、その中の一つに「即興スピーチがしたい」という意見がありました。

　これは「ほめ言葉のシャワー」とつながるのでは、と思えました。なぜならすでに説明したように、「ほめ言葉のシャワー」は決められたことを言う活動ではなく、各々の即興力も試されるものだからです。

　私は、この意見に対して、「ほめ言葉のシャワー」の主旨を説明し、菊池氏の実践している映像も学生たちに見せました。

　その結果、クラスからこの活動に対する理解と同意が得られ、晴れて英語版「ほめ言葉のシャワー」をクラス内活動としてスタートさせることになったのです。

　とはいえ、実際に「ほめ言葉のシャワー」を行う学生たちも初めてであり、またそれを運営する側の私も初めて、ということでお互い手探り状態から始まりました。

　第一回目は、まず小さい名刺サイズのカードを配布して自分の名前を記入してもらい、それを集めてシャッフルし、先ほどの「即興スピーチがしたい」と言ってくれた学生にくじのように引いてもらいました。

　すると、奇遇にも彼は自分の名前のカードを引き当てて、記念すべき第一回目の「人」となりました（その後「ほめ言葉のシャワー」を浴び

る人は the person for today のように表現されるようになりました)。

　初回なので、とりあえず菊池氏の実践に倣い、全員が発言する方法で行ってみたのですが、言う方にも若干の緊張や戸惑いがあり、なかなかスムーズにはいきませんでした。

　その様子を素早く察知した壇上の「彼」は、即座に「時間制限を設けた方がよいですよ」と提案し、それを受けて３分間と決めました。

　これがきっかけとなり、このクラスでの英語版「ほめ言葉のシャワー」は３分間としたのです。３分間でできるだけ多くの学生たちが自発的に発言してくれることを期待して、たとえ沈黙してしまうことがあっても、私からは一切指名をしませんでした。

　それでもなんとかなっていくもので、３分あればそれなりに英語による「ほめ言葉」が発せられるようになっていきました。

　その後、お礼スピーチにしたのですが、これも放っておくとごく簡潔（すぎるくらい）になる可能性（"Thank you." だけで終わってしまうなど）もあったので、ここは１分間、かつ可能な限り言ってくれたことに対するレスポンスをしようと提案しました。

　ほめ言葉３分、スピーチ１分の計４分あればこの活動ができることになり、毎授業時間に行っている ［What did you learn today?］ という振り返りのライティング活動と合わせて、授業の最後10分間を英語版「ほめ言葉のシャワー」と当日の授業の振り返りの時間としたのです。

　この時間の流れを意識しつつ、こちらも授業を組み立て、進行していくことに努めました。

　実際に行われた「ほめ言葉のシャワー」は、最初のうちは女子学生が「the person for today」だと、"You are so cute." など外見的なものに対する発言も（特に女子から）あったので、改めて主旨を説明し直し、クラス内外での活動やその人が普段行っていること、態度や教室での振る舞いなどを中心にと促しました。

　学生たちは、みな理解を示し、少しずつ授業内でのことや普段努力していることなどへの言及になっていきました。

　時にはそうしたやや外見的な部分へのほめ言葉が温かな笑いを呼び起こし、全員が楽しそうな表情をしていたのも印象的でした。

　なお、このクラスは最終的には当初の名簿上での履修登録者の7割程度の学生が最後まで離脱せずに授業に参加し、「ほめ言葉のシャワー」を始めて以降は、幸いなことにクラスを離脱した学生はほとんどいませんでした。

■学生からのフィードバック

　こうして行ってきた英語版「ほめ言葉のシャワー」を学生たちはどのように受けとめていたのでしょうか。

　その効果や反応を知るために、全員への「ほめ言葉のシャワー」が終了した12月の最後の授業の際にアンケート（Appendix1）を行いました。その結果を分析します。回答者数は、18名でした。（アンケートの内容は、本書63・64ページ参照）

質問（1）「ほめ言葉のシャワー」を通じて（してもらうことで）自己肯定感が上がったと感じますか。

「とても上がった」「やや上がった」が17名で、ほぼ全員がその効果を認めています。

「クラスの一員として尊重されている感じがした」

「自分の知らない長所に気付けた」

「人から見た自分を知ることができるよい機会だった」

「自分では気付かなかった部分をほめられてうれしかった」

　など、普段自分では自覚的になっていない、あるいはなれていない部分へのクラスメイトからの称賛は、心に響くものがあったのだろうと思えます。

　特に「自分、自信が上がりまして、みんなに対してもっと優しい人に なりたいと思いました」との感動的なコメントもありました。

質問（２）「ほめ言葉のシャワー」で発言することはあなたにとって心 地よかったですか。
「とてもよかった」「よかった」が12名、「ちょうどよい」が４名で、 ほめ言葉を自ら発信することに対しても肯定的な意識をもっていたと思 えます。
　自由記述欄にあったコメントには、
「普段することのない経験で楽しかったです」
「人のよいところを探して英語で言うのは難しかったが達成感が生まれ た」
「発言するために相手のよいところを思い出すことでも相手を認めるこ とにつながったし、気分がよかった」
　といったような意見が寄せられ、ほめ言葉を言われるだけでなく、言 うことの好影響もあったと言えます。

質問（３）「ほめ言葉のシャワー」はクラスメイトへの関心を高める きっかけになりましたか。では「とてもなった」「ややなった」に16名 が印をつけています。その理由としては「たとえ発言しなかったとして もほめるところを探そうとした」「あまり関わってない子に対して、 もっと知りたいと思えた」「みんなのいいところを探すようになったし、 人のよいところをみることによって自分も頑張ろうと思えた」などが挙 げられていました。もし「ほめ言葉のシャワー」を導入していなかった ならば、彼らのこうした行動の変化は起きなかったのではないでしょう か。よって、クラスメイトへの関心が高まるということは巡り巡って自 分への行動にも意識的になっていくことをこれらのコメントは示唆して

います。

質問（４）「ほめ言葉のシャワー」はクラスがよりよい雰囲気になる
きっかけになりましたか。
　この質問に対しても上記とほぼ同数の 15 名が「とてもなった」「やや
なった」と回答しています。
　例えば、
「お互い照れながらもよい雰囲気だった」
「何でも話せるようになったり、あまり話さなかった人とも少し話すよ
うになった」
「みんなの距離が近づくきっかけになったと思う」
　などのコメントもあり、「ほめ言葉のシャワー」がクラス内でのコ
ミュニケーションを促す潤滑油のような役割を果たしたと思えます。

質問（５）決められたセリフを言うのではなく、自分で「ほめ言葉」を
考えることをどう思いますか。
　14 名が「とても良い」「まあまあ良い」と回答しました。
　具体的には、
「自分なりの表現ができる」
「アドリブ力がつく」
　などのコメントがあり、「ほめ言葉のシャワー」が即興力も養うもの
であることを鑑みると、この活動の意義を多くの学生たちは実際に取り
組む中で体感的に理解していったのではないかと感じられます。

　なお、この活動は英語で行いましたから、当然、英語力に関する意識
が気になります。

質問（6）「ほめ言葉のシャワー」の際に英語で（自分やクラスメイトが）発言することについて答えてください。

質問（7）「ほめ言葉のシャワー」の際に英語で言ってもらい、お礼スピーチをすることについて答えてください。

　ここでは、Speaking 能力と Listening 能力に関する自己意識の変化を答えてもらいました。それによるとどちらの質問に対しても 11 名がSpeaking 能力に関して「とてもついた」「ややついた」と回答したので、これらは発言したことによる自己意識の高まりと判断したいところです。

　一方、Listening 能力に関してはどちらも 10 名が変化なし、5 名が「とてもついた」「ややついた」でした。これは学生同士による英語を媒介としたやりとりのため、聞き取れない難解なものを努力して聞き取ったという意識がない、すなわち能力に変化はない、となったのかもしれません。

　なお、「変化はないと思いますが英語学習への意欲が高まりました」というコメントもあり、意識ではなく意欲が向上したという側面もあったようでした。

　このように基本的に英語版「ほめ言葉のシャワー」は好意的に受け入れられてきたのですが、問題点や改善点が全くないかと言えばそうでもありません。

　改善すべき点として挙げられていた点を取り上げてみると、まず「発言する際に静かな空気の中だと少しやりにくかったかもしれません」。これは、同様の意見として「沈黙が気まずかった」というのもあります。次々と間髪入れずに進行できているときはよいのですが、前の学生が発言した後に少し間があいてしまうとそこが「沈黙」となり、雰囲気が硬くなってしまう場面は確かにありました。

　また、これを打破するための提案とコメントとして、「1 人最低 1 回

は発言するようにしたらもっと強めのシャワーを浴びられると思います。(中略) 特定の人しか発言していなのが少し残念」というのがありました。

　今回はあえて発言することを強制せず、あくまで自主的な発言を待つことにしていたのですが、そうするとそれに応えようとする学生と自主的を理由に逆に積極的には参加しなかった学生がいたのも事実です。

　そういう意味では3分という時間設定だけでなく、今後は回数も考慮に入れてみたいと思います。

　なお、当初はその日全員の発言が終わるまで、として行いたかったのですが、これだといつ終わるのか時間が読めないという点もあり（本来の菊池実践としての「ほめ言葉のシャワー」は全員が行います）、3分という制限を設けた経緯がありました。

　これらを考え合わせると、たとえば2回のうち1回は必ず発言する、あるいは沈黙を避け、静かにならないようにするには、もしかしたら [the person for today] を1日2人とし、その2人に対して教室内で2グループが別々に同時に行い、少しガヤガヤした雰囲気の方が、ほめ言葉を発言する側としては気分的にはやりやすい環境なのかもしれないと考えています。

　また、「先生も、ほめ言葉のシャワーをするとよいのではないでしょうか」という意見もあり、私からのほめ言葉を、学生は実は期待していたのかもしれません。

■おわりに

　ここでは、まず自己肯定感を高める一活動としての「ほめ言葉のシャワー」とは何かを概観し、その意義と主旨を確認しました。次に、「ほめ言葉のシャワー」を実施するに至った経緯と、英語で行った「ほめ言葉のシャワー」の実践事例を紹介しました。

　そして、この活動に対する学生たちからのフィードバックや反応を分析し、その効果を検証しました。

　英語の授業なので英語のスキルの向上に腐心するのが英語教員としての務めであることは大前提としてあるものの、教室に集う学生たちの自己意識ややる気といった気持ちの部分を全く無視して授業を行うわけにもいきません。

　教室内での不穏な空気を察知したにも関わらず、それを無視して行ったとして、そこに何か積極的な学びが生まれるでしょうか。果たしてそうした中で目標とするスキルが本当に身につくでしょうか。そう考えたときに、やはり学びの空間を安心、安全で、かつやりがいある雰囲気に変えていくのも教員としての務めであろうと私は感じています。

　学習内容をしっかりカバーしつつも、時間をうまくやりくりし、学生たちが授業を通じて、教室において、自己肯定感を高め、学びがより促進されるよう、今後も「ほめ言葉のシャワー」を含め、関連する事項を研究し、積極的に授業に導入していきたいと思っています。

〔参考文献〕
「菊池先生の『ことばシャワー』の奇跡―生きる力がつく授業」（菊池省三・
　　関原美和子／講談社、2012年）

Appendix1
Questionnaire for ほめ言葉のシャワー in IE 2017 fall

IE の授業内で行った「ほめ言葉のシャワー」について答えて下さい。授業での効果を確認し、今後に活用させるため

のアンケートです。個人を特定されない形で集計されます。成績には一切関わりませんので、思った事を自由に記述

して下さい。また、この結果は英語教育の論文に掲載される事がありますので、ご了承下さい。

あなたの感想に最も適する答えの番号に〇をつけて下さい。四角の枠内には感想や答えの理由をお願いします。

(1)　「ほめ言葉のシャワー」を通じて（してもらうことで）自己肯定感が上がったと感じますか。

1 とても上がった　2 やや上がった　3 変わらない　4 やや下がった　5 とても下がった

(2)　　　「ほめ言葉のシャワー」で発言することはあなたにとって心地よかったですか。

1 とてもよかった　2 よかった　3 ちょうどよい　4 ややよくない　5 とてもよくない

(3)　　　「ほめ言葉のシャワー」はクラスメイトへの関心を高めるきっかけになりましたか。

1 とてもなった　2 ややなった　3 どちらとも言えない　4 あまりならなかった　5 全くならなかった

(4)　　　「ほめ言葉のシャワー」はクラスがよりよい雰囲気になるきっかけになりましたか。

1 とてもなった　2 ややなった　3 どちらとも言えない　4 あまりならなかった　5 全くならなかった

（5）　決められたセリフを言うのではなく、自分で「ほめ言葉」を考えることをどう思いますか。

1 とても良い　2 まあまあ良い　3 どちらとも言えない　4 あまり良くない　5 全く良くない

（6）「ほめ言葉のシャワー」の際に英語で（自分やクラスメイトが）発言することについて答えて下さい。

　Speaking 能力：1 とてもついた　2 ややついた　3 変化なし　4 やや下がった　5 とても下がった

　Listening 能力：1 とてもついた　2 ややついた　3 変化なし　4 やや下がった　5 とても下がった

（7）　「ほめ言葉のシャワー」の際に英語で言ってもらい、お礼スピーチをすることについて答えて下さい。

　Speaking 能力：1 とてもついた　2 ややついた　3 変化なし　4 やや下がった　5 とても下がった

　Listening 能力：1 とてもついた　2 ややついた　3 変化なし　4 やや下がった　5 とても下がった

（8）　その他コメントがあれば自由にお願いします（やり方の改善点とかなんでもOK）。

※本稿は獨協大学国際教養学部紀要「マテシス・ウニウェルサリス」第20巻第1号（2018年10月15日発行）に掲載された、「英語教育実践報告：英語の教室で自己肯定感を高めるための一活動―"ほめ言葉のシャワー" in English ―」を本書用に書き改めたものである。

3　「笑顔のコーチング」をもとにした大学英語科目実践報告

■はじめに

　ここからは、2018年度に開講された地方国立大学共通教育英語科目「大学英語入門（初級）」、首都圏近郊私立大学英語科目「IE III」ならびに都内私立大学英語科目「英語集中Ｃ」など複数の大学と科目において、「笑顔のコーチング」を実施した授業実践報告です。

　最初に、「笑顔のコーチングの概要と意義」ではその概要と意義について述べます。

　次に、「アンケート結果と考察」で、「笑顔のコーチング」実施直後に行った授業アンケートの記載をもとに、実践の効果を分析します。

■「笑顔のコーチング」の概要と意義

○笑顔のコーチングの概要

　笑顔のコーチングとは、NPO法人ハロードリーム実行委員会が開催している、「お互いに笑顔を引き出しあうコミュニケーションを体得するプログラム」です。

　このプログラムは大きく6つの活動で構成されています。

　まずは、コーチングについて簡単に説明することから始まります。教え込むのではなく、相手の主体性や可能性を引き出すという点と「聴く」、「質問する」、「ほめる（承認）」という3つの基本スキルについて簡潔に講義を行います。

　次にアイスブレーキングとして、笑顔のトレーニング「笑顔っこ」を行います。ペアで交互に笑顔係と回答者となり、笑顔係は、6種類の笑顔（普通の笑顔、素敵な笑顔、困り笑顔、怒り笑顔、泣き笑顔、複雑な笑顔）から1つを選び、その笑顔を実際にやってみるのです。回答者は

笑顔係がどの笑顔を選んだのか推定し当てます。

　3つ目は、「笑顔のヒーローインタビュー」です。

　ペアで交互にインタビュアー役、ヒーロー役となり、自分が笑顔になった体験や誰かの笑顔を引き出した体験を話す活動です。インタビュアーは、相手の話を傾聴しながら、5W1Hの質問で状況や気持ちを引き出し、ヒーロー役は、具体的に話すことを意識します。

　4つ目は、「他者紹介」の活動として、パートナーの笑顔体験を他のペアやグループ内のメンバーに紹介します。

　5つ目は、「笑顔のスイッチ」をグループでブレーン・ストーミングする活動です。身の回りの笑顔になるスイッチのアイディアをできるだけ多く出していきます。この時に、アイディアを数多く出す、否定しない、全員が記録するというルールを定めます。

　最後に「笑顔を増やすために今日からできること」を各自考え、グループのメンバーに発表し、終了となります。

　地方国立大学では初回授業はプレイスメントテスト、2回目はオリエンテーションを実施したため、3回目の授業90分を使用し実施しました。複数の私立大学では、初回のオリエンテーションの時間に行いました。

　なお、この実践をした私たち二人は、笑顔のコーチングを実施するにあたり、笑顔のコーチングファシリテーター養成講座を修了し、「笑顔のコーチングファシリテーター」として認定されています。

○笑顔のコーチングの意義

　なぜ大学の、しかも英語の授業で、笑顔のコーチングが必要なのでしょうか。それは、笑顔とコーチングが学生同士の関係や教室環境によい影響を与え、さらにそのことが教育効果を高めると考えるからです。

　まずは、笑顔や笑いの効果について説明しましょう。

　笑顔や笑いに関する研究は数多く存在します。表情が初対面の相手に与える印象として、大学生・社会人とも、「笑い顔」「微笑み」などの笑顔からは、明るく親しみやすく親切な印象を受ける人が多く、笑顔が初対面の相手に好印象を与えることが報告されています（井上、2014）。

　つまり、笑顔のコーチングを実際の授業が始まる前に実施することで、互いによい印象をもって、ペアワークやグループ活動に臨むことができると推測できるのです。また、精神的効果として、ストレスコーピング、不安、緊張の緩和などが明らかにされています（三宅・横山、2007）。

　学習には集中力だけでなく、リラックスした状態を保つことも学習結果をよりよくするという実験結果も出ていることを考えると（吉田 et al.2011）、笑顔によって不安や緊張が緩和されることは学習にとって非常に重要な意味をもつと言えるでしょう。

　さらに、畑野（2009）によると、笑うことで前頭前野が活性化され、集中力・注意分配能力が向上することが示唆されていることから、学習自体にもよい影響があると考えることができます。

　ドルニェイ（2001）は、動機づけを高めるために楽しく、支持的な教室の雰囲気をつくり出す必要があると述べています。

　笑顔のコーチングプログラムを実施することで、笑顔による上記のようなポジティブな効果だけではなく、教室全体に楽しく、支持的な雰囲気をつくり出すことが可能であると考えられます。これは、特に語学の授業において、重要な意味をもちます。授業において間違いは学習の一部であり、そこからよりよい表現を学んでいきます。

　支持的な教室環境では、学生は間違いを恐れずグループ内で発言し、主体的に学ぶことができると言えるでしょう。学習効果が高いとされている協同学習においても、授業の前に学生が相互交流する雰囲気をつくることが重要であり、相互作用を奨励する一つの方法として、互いに知

り合う機会を提供することが挙げられています（バークレイ・クロス・メジャー、2005）。

　また、バークレイらは、「会話のきっかけになるような活動が、学生の居心地のよさを高め、最初の授業の緊張と気詰まりを和らげます。

　それらはまた、互いに関わり合おうとする気持ちを引き起こし、それゆえに、有意義な協力関係に入っていくための有益な導入となります」（2005、pp.23-24）と述べています。私たちはこのプログラムを通して、学習者同士の交流を促し、クラスがよりよい学習環境になると考えたのです。

　次にコーチングについて少し述べます。

　笑顔のコーチングのプログラムにおいて、コーチングとは「人間の可能性を引き出すコミュニケーション」と定義されていることから、ここでのコーチングもこの定義とします。コーチングは、従来の教育のような教え込む形ではなく、主体性や可能性を引き出すことを目的としています。

　そして、このプログラムでは「聴く」、「質問する」、「ほめる（承認）」の３つの基本スキルを使用します。

　近年、コーチングを大学の授業に活用することは珍しいことではなくなってきています。

　菅原（2017）、西野（2017）らの研究では、主体性・能動性の向上に効果があることが報告されています。コーチングが注目される背景には、大学教育の質的転換が求められている点にあります。

　本間（2012）は、急速に変わりつつある大学のあり方の中で、「自ら学ぶ」力を引き出すカリキュラムの進化が必要であると述べています。

　産業界が、グローバル人材の育成に向けて教育機関に期待することを見ても、大学教育が変革を求められていることがわかります。

　2015年に日本経済団体連合会が実施した「グローバル人材の育成・

活用に向けて求められる取り組みに関するアンケート結果」によると、『産業界が卒業時に大学生が身に着けていることを期待する素質、能力、知識』として、「主体性」と「コミュニケーション能力」が高いポイントを獲得し、次いで「実行力」、「チームワーク・協調性」が続いています。グローバル社会で活躍する人材に求められるのは、主体性や他者と円滑にコミュニケーションし、協働する力であることが示されているのです。

　しかしながら、一斉講義型の授業スタイルでは、主体性やコミュニケーション能力を高めることは難しいと言えるでしょう。

　また、経済産業省は、2006年から「社会人基礎力」を提唱しています。

「社会人基礎力」とは、「前に踏み出す力」、「考え抜く力」、「チームで

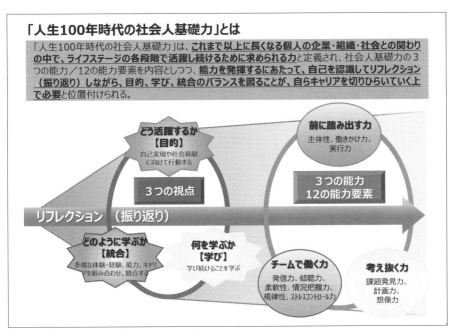

「人生100年時代の社会人基礎力とは」(経済産業省ホームページから)

働く力」の3つの能力（12の能力要素）から構成されており、「職場や地域社会で多様な人々と仕事をしていくために必要な基礎的な力」としています。

12要素のうち、「前に踏み出す力」には『主体性』が、「チームで働く力」には『傾聴力』が能力要素となっています。

2017年には、「人生100年時代の社会人基礎力」と新たに定義されました。

大学は、基礎学力や専門知識を学ぶ場でありますが、同時に学生を社会へと送り出す場でもあります。

ですから、上記に述べたような力を大学教育の中で、意識的に育成していく必要があると言えるのです。

そして、そのようなスキルや力を伸ばしていけるのがコーチングであると考えます。授業の最初の段階で、ティーチングとコーチングの違いを説明しておくことで、学生同士が3つの基本スキルを通して、ペアワークの相手やグループメンバーの主体性や可能性を引き出し、それぞれの意見を傾聴し、承認することができるようになると推測できます。

社会人基礎力にあるように、「チームで働く力」には『傾聴力』が必要なのです。ただ聞くのではなく、傾聴するのです。

学生は、他者紹介の活動を通して、傾聴を実体験します。自分が聞いた内容を他のメンバーに説明するので、傾聴しなければならないという意識がはたらきます。このような体験を授業前にしておくことで、実際の授業内活動では相手の発言を傾聴し、必要があれば質問し、その発言を承認することができるようになると言えます。

また、ペアの相手やグループのメンバーからの承認が、それぞれの自信につながり、より主体的に活動に取り組むことができるようになると考えられます。これは、一人ひとりのコミュニケーション能力を高め、さらに主体的な活動を促すことにつながると言えるでしょう。

■アンケートの結果と考察
○選択式アンケートの結果

　学生自身がこの活動をどのように感じていたのかを、笑顔のコーチング実施直後のアンケートを参考に比較考察します。以下は5件法のアンケート結果です。対象は受講者合計262名で回収率は100%でした。なお、アンケート（Appendix2　本書78・79ページ参照）は10項目ありましたが、その中の対人意識や教室環境、コーチングに関連する5項目を抜粋し、グラフで結果を提示しています。

　アンケート（Appendix2）Q1「笑顔のコーチングをやって良かったと思うか」の質問に対し、大変そう思う55%、そう思う41%、合わせて96%という結果から、受講者は笑顔のコーチングのプログラムを高く評価していると言えます。

　また、グラフからもわかるように、ペアやグループのメンバーと心理

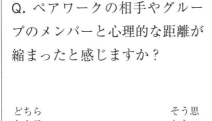

Q. ペアワークの相手やグループのメンバーと心理的な距離が縮まったと感じますか？

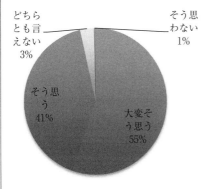

どちらとも言えない 3%
そう思わない 1%
そう思う 41%
大変そう思う 55%

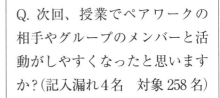

Q. 次回、授業でペアワークの相手やグループのメンバーと活動がしやすくなったと思いますか？（記入漏れ4名　対象258名）

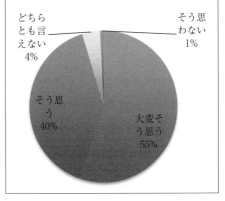

どちらとも言えない 4%
そう思わない 1%
そう思う 40%
大変そう思う 55%

Q. クラスの雰囲気が良くなったと思いますか？（記入漏れ4名　対象258名）

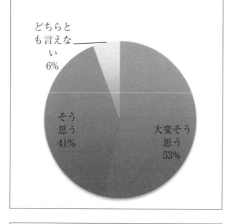

的な距離が縮まったと96％の学生が感じ、活動がしやすくなったと回答した割合も95％とかなり高いパーセンテージを占めています。さらに、94％の学生が、クラスの雰囲気が良くなったと回答しています。これは、後述する自由記述アンケートの分析にも表れています。

　傾聴、質問、承認のスキルに関しては、93％の学生が理解できたと思うと回答しました。また、

Q. 3つのスキル「傾聴、質問ほめる（承認）」について理解できたと思いますか？（記入漏れ4名　対象258名）

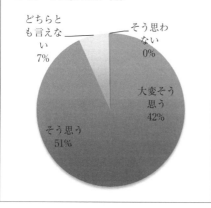

Q. 聞くことと傾聴の違いを実感できましたか？（記入漏れ5名　対象258名）

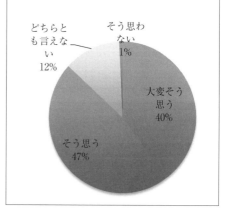

87％の学生が、ただ聞くことと傾聴の違いを実感できたと述べています。

○自由記述アンケートの結果

　今回多くの学生がアンケートに記述して回答していたため、内容の分析も行いました。分析用のデータ230名分を KH Coder に読み込み、共起ネットワークを用いた分析の結果を図１で示しています。

　共起ネットワークは、出現パターンの似ている語、共起の程度が強い語を線で結んだネットワークであり、太い線は共起関係が強いこと、大きい円は出現頻度が多いことを示しています（樋口、2014）。

　総文数 1,499 文（総抽出語数 15,759 語、異なり語数 1,063 語）が分析の対象でした。なお、グループごとの単語のつながりだけを見るのではなく、実際その単語がどのように使用されているかは KH Coder の検索機能を使用し、参照しながら解釈を行いました。

　図１のデータから読み取れることは、大きく分けて５点あります。

　まず一番大きく描かれている『笑顔』『楽しい』というまとまり（A）を見ると、たくさんの学生がこのプログラムを通じて笑顔になり、楽しいと感じたことが良くわかります。実際の記述にも、「自分や他人が笑顔になる瞬間があった」「自然と笑顔が増えて楽しかった」のような表現が多くありました。

　次にまとまり（B）の『距離』『縮まる』とあるように、「初めて話す人とも距離が縮まった」「笑顔でお互い話すことで距離が縮まった」などペアの相手やグループのメンバーとの心の距離が縮まったという意見も多く見られました。

　また、まとまり（C）の『人』『話す』『仲良く』を見ても、互いに話すことで相手を知ることができ、仲良くなれたと感じていたことが分かります。

74

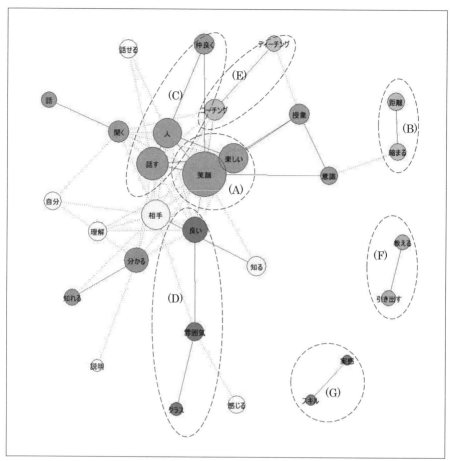

▲図1　自由記述のデータから得られた共起ネットワーク

　（D）のまとまり、『クラス』『雰囲気』『良い』にあるように、「クラス
全体の雰囲気が良くなった」「クラス全体が明るくなった」と書いてい
る学生や、その結果「次のクラスが楽しみ」という意見もありました。
　コーチングに関しては、（E）の『コーチング』、『ティーチング』に
あるように、学生がコーチングとティーチングの違いを意識する、また
は違いを理解する機会となったようです。実際の記載には、「コーチン

グという言葉を初めて聞いて理解できたから」や「コーチングは人間の
可能性を引き出すものだとわかった」やティーチングとコーチングの違
いが理解できたという意見が多数見られました。

　これは（F）の『教える』、『引き出す』にも表れています。

　（G）の『スキル』、『実感』のまとまりにあるスキルは、アンケート
（Appendix2）の8番目の質問項目にある傾聴、質問、承認を指してい
ます。「3つのスキルを実践して効果を実感した」や「3つのスキルが
コミュニケーション力に繋がると思う」との記述にあるように、実践を
通して、その効果を実感すると共に、コミュニケーションにおける重要
性を理解できたと言えるでしょう。

　また、3つのスキルの中で、特に傾聴に関しての記載が多く、「傾聴
することで、次に相手にどんな質問をしようか考えることができる」や
「傾聴されている方が、自分が気分良く話すことができる」のように、
自分が話す立場になった時の意見も見られました。

○考察

　グラフや共起ネットワークのデータ、実際の記述内容からも分かるよ
うに、学生にとって笑顔のコーチングプログラムは、学生本人、またク
ラス環境にもよい影響を与えたと言えます。互いに笑顔で、傾聴、質
問、承認のスキルを使用し、活動したことによって、ペアやグループの
メンバーとの心理的な距離を縮めることができたと考えられます。

　また、次回からの活動がしやすくなると感じたことやクラスの雰囲気
が良くなったと思うことは、非常に重要な意味をもちます。共起ネット
ワークのデータにはありませんが、自由記述の中で「緊張がほぐれた」
や「不安が楽になった」と書いている学生も多数いました。教室が学生
にとって、安心安全の場であることは学ぶ上での、大前提であると私た
ちは考えています。

　学期当初の授業は、友人関係や授業の進め方などへの不安もあり、学生にとって緊張感を伴うことも多いでしょう。第二言語習得論の情緒フィルター仮説においても、学習者の情緒的側面は重要視されています。

　情緒フィルターとは、「一種の心理的、感情的な障壁と考えられているもの」（大喜多、2000、p.166）です。学習者に心配事がある時は、情緒フィルターが高くなり、理解可能なインプットを受け入れられたとしても、第二言語習得のためには利用されないとされているのです（同上書）。

　つまり、理解可能なインプットが学習者に取り込まれるためには、情緒フィルターが低くなっている必要があると言えます。心理的、感情的な障壁をなくすことは言語習得理論においても重要であることから、笑顔のコーチングプログラムのような活動がよい学習環境づくりの一助になると考えられます。

　実際に、笑顔のコーチングプログラムを実施した次の回からは、ペアやグループでの活動で積極的に意見交換する姿や、互いに助け合いながら学習を進める姿が多く見受けられました。授業での活動の前に、このプログラムを実施したことで、学習者同士の交流が生まれ、学習者自身がクラスの雰囲気が良いと感じられたのではないでしょうか。

　また、コミュニケーションに必要なスキルの効果を実感し、その重要性の理解にもつながったと言えます。

　私たちは英語科目担当であるため、このプログラムを英語の授業科目内で実施しましたが、どの教科の授業でも、実施可能であると考えています。

　事実、学生からは、他の授業でも取り入れるべき、という意見もありました。

　昨今、大学生のコミュニケーション能力の低下が危惧されています

が、葛城（2008）は、学生のコミュニケーション能力の育成に関して、大学の社会的責任は大きいと述べています。実際、対人関係におけるコミュニケーション力を高める方法として、ソーシャル・スキルズ・トレーニングを導入している大学もあるようです（名城・諸富、2011）。

　今後の大学教育においては、知識の獲得だけに留まらず、学習者同士の相互交流を促すようなプログラムの導入を実施することで、よりよい学習環境の提供と共に、コミュニケーション能力の向上を図ることができると考えられています。

■おわりに

　ここでは、上記のような２つの点から、笑顔のコーチングを実施した授業のまとめを行いました。

　まず、「笑顔のコーチングの概要と意義」では、このプログラムの内容及び笑顔やコーチングの効果を述べました。

　そして「アンケートの結果と考察」ではアンケート結果をもとに、考察として受講者の感想や笑顔のコーチングが受講生に与えた影響を明らかにしました。

　クラスの雰囲気、ペアワークやグループワークのメンバーとの関係性が、実際の学習成果にどのようにつながっていくのかについては、今後の研究課題とします。

※謝辞

　執筆にあたって、笑顔のコーチングについてご助言をいただいた京都造形芸術大学副学長、NPO法人ハロードリーム実行委員会理事、本間正人氏に感謝いたします。

Appendix2　　　笑顔のコーチング　アンケート

無記名でアンケートにご協力お願いいたします。当てはまるものに〇をつけてください。枠内には答えの理由を記入してください。成績等には一切関係しません。また、この結果は英語教育の論文に掲載されることがありますので、ご了承ください。

1．笑顔のコーチングをやってみて良かったと思いますか？
　　1 大変そう思う　2 そう思う　3 どちらとも言えない　4 そう思わない　5 全く思わない

2．ティーチングとコーチングの違いが理解できたと思いますか？
　　1 大変そう思う　2 そう思う　3 どちらとも言えない　4 そう思わない　5 全く思わない

3．笑顔を意識する良い機会になったと思いますか？
　　1 大変そう思う　2 そう思う　3 どちらとも言えない　4 そう思わない　5 全く思わない

4．笑顔の重要性に気づくことができたと思いますか？
　　1 大変そう思う　2 そう思う　3 どちらとも言えない　4 そう思わない　5 全く思わない

5．ペアワークの相手やグループのメンバーと心理的な距離が縮まったと感じますか？
　　1 大変そう思う　2 そう思う　3 どちらとも言えない　4 そう思わない　5 全く思わない

6．次回、授業でペアワークの相手やグループのメンバーと活動がしやすくなったと思いますか？

　　1 大変そう思う　2 そう思う　3 どちらとも言えない　4 そう思わない　5 全く思わない

7．クラスの雰囲気が良くなったと思いますか？

　　1 大変そう思う　2 そう思う　3 どちらとも言えない　4 そう思わない　5 全く思わない

8．　3つのスキル「傾聴、質問、ほめる（承認）」について理解できたと思いますか？

　　1 大変そう思う　2 そう思う　3 どちらとも言えない　4 そう思わない　5 全く思わない

9．聞くことと傾聴の違いを実感できましたか？

　　1 大変そう思う　2 そう思う　3 どちらとも言えない　4 そう思わない　5 全く思わない

10．その他、コメントがあれば自由記入をお願いします。

ありがとうございました。

《参考文献》

井上清子（2014）「表情が初対面の相手に与える印象」、『文教大学生活科学研究所紀要』、第 36 巻、pp.183-194。

エリザベス・バークレイ、パトリシア・クロス、クレア・メジャー（2005）『協同学習の技法　大学教育の手引き』、安永悟（監訳）、2009、ナカニシヤ出版。

大喜多喜夫（2000）『英語教員のための応用言語学　ことばはどのように学習されるか』、昭和堂。

葛城浩一（2008）「学生のコミュニケーション能力に関する現状と課題」、『香川大学教育研究』、5 巻、pp.1-11。

菅原秀幸（2017）「SNS を活用したコーチング主体型講義の成果と可能性―小樽商科大学貿易論の実践から―」、『アカデミック・コーチング学会 2017 年大会資料集』、pp.10-15。

ソルタン・ドルニェイ（2001）『動機づけを高める英語指導ストラテジー 35』、米山朝二・関昭典（訳）、2005、大修館書店。

名城健二、諸留華英（2011）「大学生に対する SST（ソーシャル・スキルズ・トレーニング）の効果について」、沖縄大学人文学部紀要、第 13 号、pp.65-72。

西野毅朗（2017）「授業を通じた学生の主体的行動の促進要因に関する一考察」、『アカデミック・コーチング学会 2017 年大会資料集』、pp.20-23。

畑野相子（2009）「笑いが脳の活性化に及ぼす影響」、『滋賀県立大学人間看護学研究』、第 7 巻、pp.37-42。

樋口耕一（2014）『社会調査のための計量テキスト分析　内容分析の継承と発展を目指して』、ナカニシヤ出版

本間正人（2012）「学習者の視点に立った大学カリキュラム改革の方向性」、『京都造形芸術大学紀要』、第 17 号、pp.77-85。

三宅優、横山美江（2007）「健康における笑いの効果の文献学的考察」、『岡

山大学医学部保健学科紀要』、第 17 巻、pp.1-8。

吉田幸二、坂本佑太、佐藤勇輝、宮地功、山田圀裕、藤井論（2011）「Perl
　　言語学習に脳波センサーを使った遠隔教育システムの試み」、『マルチメ
　　ディア、分散、協調とモバイル（DICOMO2011）シンポジウム論文
　　集』、pp.1097-1102。

一般社団法人日本経済団体連合会（2015）「グローバル人材の育成・活用に
　　向けて求められる取り組みに関するアンケート結果」、（https://www.
　　keidanren.or.jp/policy/2015/028_honbun.pdf、2018 年 3 月 13 日参照）

経済産業省（2006）「社会人基礎力」、（http://www.meti.go.jp/policy/
　　kisoryoku/、2018 年 3 月 13 日参照）

4 「小学校外国語（英語）授業」の具体的実践

■「学習学」「菊池実践」を小学校外国語活動（英語）に盛り込む

　３年生から始まる外国語活動においても、「学習学」「菊池実践」の要素を少しずつ盛り込み、小学校においてはもっとも高度な英語でのやりとりを行うであろう６年生まで貫くために、文部科学省が発行する移行期のテキスト、［Let's Try 1、2］、そして、［We Can 1、2］の Unit を随時参照しながら、その扱い方・着目ポイントを、学年を追って見ていくこととします。

■外国語活動としてできること（3、4年生）

　3、4年生が行う外国語活動では、［Let's Try 1、2］を使いながら、外国語に触れ、英語でコミュニケーションをとる素地を養うことが指導の根幹にあります。

◆3年生

　外国語で、感情豊かな表現をできるようにします（日本語の発話に感情をもたせる再発見の部分も含む）。

　例えば、［Let's Try 1］の［Unit 2 How are you?］で "I'm good." という際に、good にもいろいろな good、表現方法があることを学びます。

　＊笑顔のコーチングの「笑顔っこ」（本書 65 ページ）を参考に

【ポイント】

　Good という表現一つをとってみても、棒読み的に言っては、言葉によるコミュニケーションとは言えません。「コミュニケーション」と言うからには、その言葉に感情が乗り、かつそれが相手に伝わって初めてコミュニケーションとなります。コミュニケーションは、発話者、被発

話者の間に起こり、達成されるのです。

　学年を通して、言葉を発するときの感情に意識を向けるように、活動を通じて意識を養っていきます。

◆４年生

　３年生で目標にした、「感情豊かな表現をできるようにする」から一歩進んで、文単位での発話、表現ができるようになることをめざします。

　例えば、[Let's Try 2] の [Unit 8 This is my favorite place.] の単元を用いてクラス、教室（学校）に対してポジティブな発言ができるようになることをめざします（それを聞いて、同じくポジティブなリアクションを返せるようにもします）。

＊よいところを見つける視点、視線の形成。

　これは、「ほめ言葉のシャワー」をする際に必要な、観察力を養うこととリンクします。

【ポイント】

　[Let's Try 2] の [Unit 9 This is my day.] の単元を用いて自分の一日を紹介すると同時に、クラスメイトの一日も紹介できるようにします。

　６年生の活動の先取りになりますが、３人称の表現が [Let's Try] では扱われてはいませんので、無理に他者紹介をする必要はなく、"I am ～ ." "You are ～ ." といった自分と相手を言い表す表現に限定して、ペアでお互いを紹介する活動をグループ内、クラス内で行ってもよいでしょう。

　具体的には、Ａさんが、Ｂくんのことを Ｂくんに対し、"You are ～ ." のように紹介し、それを他の児童は聞きます。それが終わったら、ＢくんがＡさんを "You are ～ ." のように紹介し、聞いていた児童はフィードバックの際にも "You are ～ ." や "I am ～ ." を使って、自

分が感じたことを伝えるようにします。

■（教科化を見据えた上で）外国語活動としてできること（5、6年生）

　移行期の5、6年生では、これまで3、4年生で行った外国語活動に立脚し、外国語科という教科への接続という位置づけ的なニュアンスでの指導になります。

　活動と教科の違いは、おそらく指導する内容の厚みにも表れてくるはずです。実際、文科省が配布している移行期のテキストの指導編を、［3、4年生版］と［5、6年生版］とを比べてみても明らかです。［Let's Try］の指導編は、各40ページですが、［We Can］は、それぞれ100ページずつあり、約2倍になっています。

　また、［We Can］では、「he/she」の概念を定着させるための教材として、動画の使用は必須となります。

　その内容の濃さに圧倒されて、テキストをただ「こなす」だけで、授業が流れ作業になってしまわないように、「学習学」（笑顔のコーチング）と「菊池実践」の考え方、イズムを、教師が常に意識して授業に臨みたいものです。

◆5年生

　教材は、基本的に視聴覚（動画）教材の理解から始まります（主にリスニングを介しての理解）。その部分で、ただ見せる、聞かせるだけでは、児童は受動的になってしまう恐れもあり、そうならないためにもその後のリアクションを引き出す、教員としてのファシリテーション力を発揮したいものです。

【ポイント】

　［We Can 1］の［Unit 9 Who is your hero?］の単元を用いて、「ほめ言葉のシャワー in English」を行います。

　手順の詳細プランを紹介します。

★「ほめ言葉のシャワー in English」詳細プラン

【単元】
［We can 1］Lesson 9 Who is your hero?
【目標】
　お互いのよいところを見つけ、それを英語で表現し、伝えることができるようになる。
【対象】
　5年生（［We can 1］を5年生で行うなら）、ないし6年生
　3、4年で行う場合は、［We can］が事前にその学年で使用できていることを前提とする
【観点別評価基準 / 評価ポイント】
　言いたいことを自分なりに英語での表現を（担任の先生や ALT の助けを借りながら）つくることができる。
発表の際に、言う相手に感情をこめて表現することができている。
【達成したいゴール】
　クラスみんながほめ言葉を英語で考え、表現することで課題をやり遂げたという達成感を味わい、かつ、一人ひとりの自己肯定感が上がることでクラスによい雰囲気が生まれる。
＊すでに「ほめ言葉のシャワー」を行っている学級では、それを英語ですることができるようになる。
　するとどうなるのかを理解し、実践できる。
【必要な時間数】
　4時間程度（1クラスの人数にもよる）

＊ただし、この単元の視聴覚教材も扱って下地をつくる必要がある場合は、さらに２時間程度必要となる。

【手順の詳細】

●１時間目 ==================================

○単元とプロジェクトの説明、テキスト［We can 1］の［Lesson 9］のサンプル例文の紹介。

This is my hero.
She is my sister.
She can play the flute well.
She is good at playing the piano, too.
She is cool.
She is my hero.
（29 words）

○最初に意味を確認したのち、音読する。
　テキストでは sister になっているが、これをクラスメイトに変えて、クラスの誰かを hero として扱い、最終的には個人で（先生や ALT の助けを借りながら）文章を考えて発表する、プロジェクトであることを説明し、理解させる。

○使えるターゲット表現
　He / She can 〜 .
　　→　必要なら can を使った表現の練習をする

○使える形容詞
　friendly / fantastic / great / active / kind / gentle / nice / cool / beautiful / delicious / exciting / fun（テキスト既出）
　　→　意味の確認（どういう意味であるか、[We can]のイラストなどを使って、例えばカードゲームのようにして意味をあてる、表現するなど）

○まとめと振り返り

●2時間目 ===================================

○復習として例文の確認、音読
○サンプル例文の紹介
　例文の中身の部分をそれぞれの単語に置き換えて各自のクラスメイトへの「ほめ言葉」をつくり始めるために、以下のようなサンプル例文を紹介。
　例1.
　This is my hero.
　He is ○○ .
　He can play soccer very well.
　He is good at swimming, too.
　In PE class, he is always active.　　※ PE = Physical Education
　He is my hero.
　例2.
　This is my hero.
　She is ○○ .

She can clean our classroom fast.

She always takes out the garbage, too.

She is very kind and gentle.

She is my hero.

例 3.

This is my hero.

She is ○○ .

I think she is very friendly, because she is kind to me.

She is also kind to everybody.

She is my hero.

　ほめる相手を決める（となりの子、グループ内、あるいは少人数クラスなら全員分）。

　既習の単語や表現だけでは、内容が限定されてしまうこともあるので、本当に言いたいこととの乖離ができてしまわないように、可能な範囲で担任、ALT が補助し、調べたり書き留めたりしてつくっていく。

　ほめる相手の写真（教室での活動風景）などがあるなら、それを活用してつくったり、考えたりしてもよい。

　また、つくりやすいように雛形（穴埋め形式のもの）をプリントとして用意し配布して、言いたい英文の土台部分をつくるようにする。

　細かい部分、あるいは児童の言いたい表現ですぐに英語にできないことを日本語で書き出し、まとめておく。

　ALT と担任が協力して、それらの英語表現を探し、プリントないしパネルにまとめ、次の授業までに準備しておく。

○まとめと振り返り

●3時間目 ===============================

○前回作り始めた英文をこの時間を使って完成させる。

　先に用意した表現集、パネルを、配布ないし黒板に貼り出すことで提示。児童はそれらのリストから自分たちの使いたい表現を組み合わせて完成させていく。

　完成した児童から発話、発音の練習をする。
　棒読みにならないように、言い方などにも気を配るよう担任、ALTが指示して練習。

　加えて、表現の練習をする。
　たとえば、good をいろいろな言い方で言ってみる。(3年生の復習)
　また、先に完成した児童は、取り組み中の児童の子の補佐に回るなど、学び合いの時間をとってもよい。

○まとめと振り返り

●4時間目 ===============================

○前回の練習の続きをする。
　必要であれば担任、ALT が言い方、読み方を補助。
　その後、順番に発表する（あまり緊張しすぎない雰囲気づくりと発表

後の拍手は必須)。

○発表の仕方

　少人数クラスであれば全員が順に前で発表してもよいが、人数が多い場合は、ペア単位でグループ（6人1チームを4つ、など）にして、お互いを他のグループメンバーに紹介するなどの形式をとるのもよい。

○発表が終わったら振り返り

　できたことに対する日本語での振り返り、あるいはやり終えてよかったと感じたときの表現、感情を ALT がデモして伝え、同じように言ってみる。

○まとめと振り返り

　この単元に入る前までに、例えば［Unit 5］で「can」を扱う際に、「○○くん / ○○さんはこんなことができる」を英語で表現することをドリル的に繰り返して習得させることで、よりスムーズな導入ができると思います。

　また、相手に「『can』を使ってほめることは、自然なこと」だという雰囲気がつくられているとよりよいでしょう。

◆6年生

　5年生で行った「ほめ言葉のシャワー in English」を日常的に（毎時とはいかなくともそのくらいのイメージで）継続的に教室で行い、表現習得の徹底化と運用能力向上の機会を多く与えたいと考えます。

　また、３、４年生で培った表現力（good にもいろいろな good、表現方法があること）なども絶えず意識させるよう心がけたいと思います。

　とはいえ、６年生ともなると３年生の頃とは自己表現やコミュニケーションの仕方が異なってくる児童がいることが予想されますから、発達段階に応じて、また各児童の個性に合わせて、成長を促すようにします（一律的なレスポンスは期待しないようします）。

　なお、［We Can 2］では、各単元の最後に ［Let's Read and Write］のコーナーが設けられていて、「書く」ことの練習も始まります。

　したがって、「ほめ言葉のシャワー in English」を文字として書いて、教室に貼っておくなどの活動も可能になります。

○ポイント

　［We Can 2］の ［Unit 8 What do you want to be?］の単元を用いて、「ヒーローインタビュー」（自分がヒーローになったつもりでインタビューを受ける、相手をヒーローとして扱ってインタビューする、それをもとにお互いに発表する）を行います。

　手順を紹介します。

　［Unit 8］の最後にある「My Dream」のスピーチを自分で自分を紹介するだけでなく、クラスメイトを紹介できるようにします（４年生の活動の復習の意味もあります）。

＊三人称は、５年生の ［Unit 5］、６年生の ［Unit 6］の ［Story time］で、「He, She」が登場していますが、三人称単数現在の「s」の扱いは、基本的に含まれていませんから（can や is は例として挙がっている）ので、その点を配慮する必要はあります。

〔Unit 3 He is famous. She is great.〕の単元も人物紹介的なアプローチの展開になっていますので、ここでも「ほめ言葉のシャワー in English」が応用できます（STORY TIME はほぼそれに近い）。

また、その前のページ（24 ページ）の「Who's this? Quiz」をクラスメイトにして、「ほめ言葉のシャワー in English」の内容を転用したり、別の児童をとりあげて新たにつくったりすることもできます。

〔Unit 7 My Best Memory〕は、Unit の置かれている位置からすると2学期後半、ないし3学期であることが想定されますので、小学校生活全体への振り返り的な要素が含まれています。

もちろん、個人の経験、体験を振り返ることも大切ですが、クラスメイトとの関わりの中でのよい思い出を振り返り、それを共有することで、クラス内の空気、コミュニケーションをより豊かなものにしたいものです。また、〔Unit 8〕で行う前段として、〔My Best Memory〕をお互いにインタビューし合ったり、それをもとに他者紹介したりするなどの活動も取り入れると、次の単元への移行もスムーズになるでしょう。

■まとめ

ここまで紹介した例は、「学習学」「笑顔のコーチング」×「菊池実践」×「小学校英語」の一つのモデル案です。これらをベースに、多くの先生方の実践を交流し、よりよいものにしていきたいと考えています。

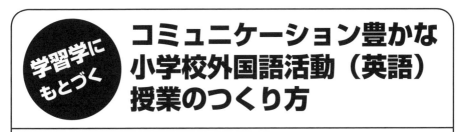

コミュニケーション豊かな
小学校外国語活動（英語）
授業のつくり方

学習学に
もとづく

第3章

コミュニケーション豊かな
小学校外国語活動（英語）
授業のつくり方

コミュニケーション豊かな
小学校外国語活動(英語)授業のつくり方

公立小学校教諭　**中國　達彬**

1　はじめに

■なぜ「コミュニケーションを図る資質・能力」が必要なのか

　小学校学習指導要領によれば、外国語活動および外国語科の目標とは、「コミュニケーションを図る資質・能力」の「素地」「基礎」を育てることです。

　では、ここで改めて考えてみませんか。

> 　私たちは、一体何のために子どもたちの「コミュニケーションを図る資質・能力」を育てようとしているのでしょうか。

「グローバル化」「技術革新」「少子高齢化」そうした言葉も踏まえた上で、改めてこの問いに向き合ってみましょう。ぼんやりとかもしれませんが、今浮かんできた言葉が私たちのゴールイメージにつながるのだと思います。そして、このゴールイメージがあるからこそ、私たちは外国語の授業を通して、子どもたちを育てていくことができるのだと思います。

■「コミュニケーションは簡単ではない」という前提から始めてみる

「コミュニケーションをとろう」

「お互いに理解し合おう」

「多様性が大切だ」

　そうした言葉を口にすることは簡単です。しかし、現実はどうでしょ

うか。うまくいくことばかりでしょうか。正直なところ、私はうまくいかないことがたくさんあります。伝えたいことがうまく伝えられないこともありますし、相手の思いを理解できずにお互いに残念な思いになることもしばしばあります。

　みなさんはどうでしょうか。言葉の伝え方・受けとめ方によって、誰かに誤解されたり誰かを誤解してしまったりした経験はありますか。きっと外国語に限らず、母国語によるコミュニケーションでさえ、うまくいかないと感じたことのある人は多いのではないでしょうか。

> 　そもそも誰かとコミュニケーションをとることは簡単なことではない。

　私たちは、外国語の授業を考える前に、まず一度、この前提に立って考えてみるべきではないでしょうか。そうすることで私たちは、「コミュニケーションを図る資質・能力」が単に語彙を増やしたり発音をよくしたりすることだけではないということが改めて分かってくるのではないかと思います。相手に対する思いやりや相手の考えていることを想像する力、目的や場面、状況を踏まえて適切に判断し伝える力など、様々な力がコミュニケーションの分野では総合的に求められてくるのです。

■「いっしょに成長し合う」ために

　私の場合、「コミュニケーションを図る資質・能力」を育てる目的について、いつも右のような図をイメージしています。これは菊池省三氏の学級で使われていたものをもとに、私が自分の学級用に作り直したものです。

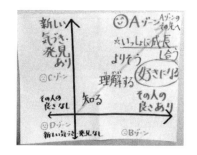

　私たちは、一体何のために子どもたちの「コミュニケーションを図る資質・能力」を育てようとしているのか。この問いに対する私の答えを一言で表すなら、それは、

いっしょに成長し合う関係（Win-Win の関係）を築くため

です。学級の一員として、あるいは家族、地域（社会）の一員として、そこで出会う誰かといっしょに成長し合う関係を自ら築き、自分も相手も幸せになれるような生き方が実現できる人を育てたい。そういう思いから、私は外国語の授業の中で子どもたちの「コミュニケーションを図る資質・能力」の育成をめざしています。

　人の一生に学びのゴールはありません。知識の習得も、その活用も、主体的な学びと豊かな人間関係と社会関係の中で生涯にわたって育まれていくものです。
（菊池省三『挑む』2015 年　中村堂　p.181）

　本章では、外国語教育、およびコミュニケーション教育に携わる多くの先生方から学んだことをもとに、私自身が外国語教育の中で実践し、それを通して考えたこと、感じたことを紹介いたします。

2　1年間を見通す

■ゴールイメージを描く

3月にめざしたい子どもたちの姿とはどんな姿か。

　私は実践を始める前に（または実践しながら）、とにかくゴールイメージを膨らませていきました。具体的なものもあれば、抽象的なものもありますが、まずはそれらを紙に書き出していきました。次の言葉はその一部です。

1．「外国語を学ぶことが好き」と言える。
2．「外国語の授業が楽しい」と言える。
3．「楽しそう」「楽しい」「楽しかった」の三拍子がそろい、全体で無邪気に学ぶことができる。
4．切り替えスピードが速く、授業のリズム・テンポがよい。
5．ちょうどよい大きさの声で話すことができる。
6．失敗してもポジティブになることができる。
7．"Any volunteers?" に対して自ら答えようとする。
8．"Any volunteers?" に対して前のペアとは違うことをしようとする。
9．"Any volunteers?" に対して、誰かの後に自分も続こうとする。
10．無茶ぶりを楽しむことができる。
11．コミュニケーションの公式「コミュニケーション力＝（声＋態度＋内容）×思いやり」を使って自分や友達の姿を肯定的に評価できる。
12．相手への目が優しい。
13．男女関係なくコミュニケーションをとろうとする。
14．場面や相手によってコミュニケーションのとり方を変えることができる。
15．やり取りをしながら、自然に笑顔になれる。
16．ハイタッチや握手をすることで、さらに仲を深めようとする。
17．設定された目的や場面、状況にチャレンジすることを楽しめる。
18．設定された目的や場面、状況を具体的にイメージできる。
19．設定された目的や場面、状況に入りこんでロールプレイができる。
20．やり取りをしながら、"I see." "Really?" などのリアクションがとれる。
21．やり取りをしながら、"It's cool." といった簡単な感想を伝えることができる。
22．やり取りをしながら、自然に手が動く。

23. やり取りの中で、リアクションや感想を表現する際に、表情が変わる。

24. やり取りの中で、相手についての新たな気付き・発見を得ようとする。

25. やり取りの中で、知っている言葉を使おうとする。

26. 言い方が分からなくても、ジェスチャーで何とか伝えようとする。

27. 言い方が分からなくても、絵を描いて何とか伝えようとする。

28. 言い方が分からなくても、別の言葉に何とか言い換えようとする。

29. 会話の流れに合わせて、自分のことを伝えることができる。

30. 会話の流れに合わせて、質問ができる。

31. 相手が返答に困っていたら、さりげなく英語で会話をリードすることができる。

32. 相手が返答に困っていたら、自分からもう一度英語で言い直す。

33. 会話を続けることを楽しむことができる。

34. 相手の言葉を繰り返すことで会話をつなごうとしている。

35. 相手の言葉が聞き取れない時には、"One more time, please." 等を使って聞き返すことができる。

36. 自分の思いが相手に伝わっているかどうかを意識することができる。

37. 自分と相手との違いから、自分らしさを見つけようとする。

38. 廊下ですれ違う時に、英語で挨拶されたらとっさに英語で返そうとする。

39. 相手のよさを引き出すために、知っている表現を使って相手に質問しようとする。

40. 自分の好きなこと・ものを見つけることができる。

41. 自分のできることを見つけることができる。

42. 自分の宝物を見つけることができる。

43. 行ってみたい国を見つけることができる。

44. 自分の町のよいところを見つけることができる。

45. 自分のあこがれの人を見つけることができる。

46. 自分の夢（なりたい職業）を描くことができる。

47. 他己紹介ができる。

48. ALT に自分のことを伝えようとする。

49. ALT に学校のことや日本のことを教えようとする。

50. ALT に手紙を書こうとする。

51. 授業以外でも ALT と一緒に話したり遊んだりしようとする。

52. ALT の国の文化や言葉に興味や関心、敬意をもつ。

53. 聞いたアルファベットを大文字で書くことができる。

54. 聞いたアルファベットを小文字で書くことができる。

55. 自分の気持ちや考えに合う言葉を選んで英単語を書くことができる。

56. 語句のかたまりを意識して書く。

57. イラストや写真から言葉の意味を理解しようとする。

58. アルファベットの音をたよりに、英語を読もうとする。

59. 英語の絵本や図鑑を読もうとする。

60. アルファベットに対する興味・関心が他の国の文字に対する興味・関心にも発展する。

61. 日本語と英語を比較して考える。

62. 日本の文化と外国の文化を比較して考える。

63. 学校の中や家の中にある外国語表記に興味・関心をもち、読んでみようとする。

64. 休み時間に英語を使った遊びをする。

65. 外国語に関するオリジナルの遊びやイベント、係活動が生まれる。

66. 日本の文化と海外の文化を比較して考えようとする。

67. 海外の歴史や文化について理解を深めようとする。

68. 日本の歴史や文化についてさらに理解を深めようとする。

69. 学校行事で外国語の授業で学んだことを発表する。

70. 学校で学んだことを家族や友達に教えようとする。

71. 授業中、「一人が美しい」を大切にできる。

72. 授業中、「一人をつくらない」を大切にできる。

73. 外国語の授業が他教科の学習とつながる。

74. 外国語の授業が日常の人間関係の改善や発展につながる。

75. 外国語の授業が自信につながる。

76. 振り返りの量・質ともに４月を上回る。

77. 振り返りで自分なりの気付きが書ける。

78. 「外国語の授業を通して成長したこと」について語ることができる。

79. 「なぜ外国語を学ぶのか」について語ることができる。

80. 「自分にとって外国語とは何か」について語ることができる。

　自分の中にこうしたゴールイメージがあることで、見通しをもって実践に取り組むことができます。また、このイメージをもとに実践を振り返り、適宜修正・改善を加えることもできます。そして、何より子どもたちのよさを認めて励ます言葉かけもできるようになります。教師の中に明確なゴールイメージがあるからこそ「みる目」がより鮮明になるのです。目の前の子どもたちの姿がなぜよいのか、そこにどんな価値があるのか。その答えの多くは、自分の（ゴールイメージ）の中にあるのだということに改めて気付くことができます。

■ 1年間の見通しを整理する

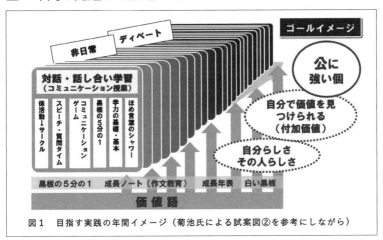

図1　目指す実践の年間イメージ（菊池氏による試案図②を参考にしながら）

　次に、先ほどのゴールイメージを整理しながら、1年間の見通しを整理していきました。図1は、私が担任として実践を行うために描いていた年間のイメージです。そして図2は、それを外国語の授業に特化して考えたものです。「育てたい人間像」（ゴールイメージ）に向かって、どの時期に、どんな手立てを施すのか。このイメージをもとにしながら実践を具体化していきました。

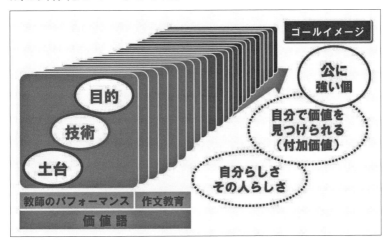

■「話し合い・対話を成立させるためのポイント」を応用する

菊池氏は、話し合い・対話を成立させるためのポイントとして次の3点を示しています。

> Ⓐ話し合いのねらいや目的の明確化
> Ⓑ話し合いの技術
> Ⓒ学級の人間関係（土台）

そして、指導においては、

> ⒶⒷⒸをセットで指導すること

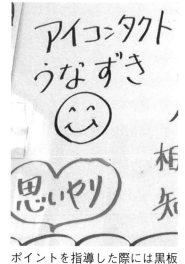

ポイントを指導した際には黒板の5分の1に書き留める

が重要だとしています。このことは外国語の授業においても当てはまります。例えば、

> 話を聞く時には、うなずいたり、"I see." と言ったりするといいですよ。

という「Ⓑ技術」に関わる部分を指導するとします。この場合、

> そうすることで「あなたの思いを受けとめていますよ」というメッセージを相手に送ることができます。（＝Ⓐねらい・目的）

という言葉とともに、

> こうやって安心して話せる関係を築きながら、全員で学び合い、高め合う集団を目指すのです。（＝Ⓒ土台）

といった言葉を添えます。

つまり、一つ一つの技術がなぜ重要・有効なのか（＝Ⓐねらい・目

的）、そうした技術を使うことでさらにどんな関係が育つのか、またその技術を使うことが子どもたちのどんな関係に支えられているのか（＝Ⓒ土台）を伝えるのです。もちろんすでに外国語の授業以外の場面で伝えていることであれば、一から説明する必要はないかもしれません。その時の場面を想起させて、「外国語も一緒だね」と関連付けるような一言が、その「技術」をさらに価値付けるでしょう。

3　外国語の授業における教師の指導技術

■まずは教師と子どものキャッチボールを

　ここからは、実際の授業について考えていきます。まずは「授業開き」についてです。様々な授業開きの方法があると思いますが、ここではオーソドックスに「教師による自己紹介」について考えてみます。

【自己紹介例①】

Hello, everyone.

My name is Nakakuni Tatsuaki.

I like Okonomiyaki.

Let's enjoy English class together.　Thank you.

　基本的に難しい表現を使う必要はないでしょう。小学校卒業までに学習するフレーズを使ってできる自己紹介で十分だと思います。

　ただ、【自己紹介例①】の形は会話のキャッチボールにはなっていません。教師が一方的に話して終わりです。コミュニケーションは双方向が大原則だとすれば、この自己紹介の形にもう少し工夫を加えたいところです。

■応答関係はクイズ形式から

> 応答関係をつくり出す一番簡単な方法は、クイズ形式にすること
> です。（菊池省三『授業がうまい教師のすごいコミュニケーション術』2012年　学陽書房　p.21)

例えば、先程の自己紹介をクイズにしてみましょう。

【自己紹介②】

Hello, everyone.

My name is Nakakuni Tatsuaki.

This is my favorite food. （お好み焼きの写真を画用紙等で隠して
おく）

What's this?　Please guess. （画用紙を指さす→予想させる）

Hint1.　It's hot.　What's this? （ヒントを出す→予想させる）

Hint2.　It's famous in Hiroshima. What's this? （ヒントを出す
→予想させる）

・・・・

　いくつかヒントを出しても分からなければ、少しずつ画用紙をず
らす。

（正解したら）That's right!

I like Okonomiyaki.

Let's enjoy English class together. Thank you.

　活動自体はシンプルですが、問題数や
ヒントの出し方を変えることで、教師と
子どものキャッチボールの内容は自由自
在に変えることができます。また、難し
い言葉も必要ありませんし、「ヒント→
予想」の繰り返しなので、最初は何を話

しているか分からない子も少しずつ教師の言っていることが分かるように
なってきます。

■クイズをきっかけにして「キャッチボールの楽しさ」につなぐ

子どもは一生懸命正解を探そうとしますが、このクイズの本当の目的
は、あくまで楽しい会話のキャッチボールをたくさん経験させることで
す。ですから、できるだけ教師は子どもの言葉に対してリアクションを
返すことが大切です。

> "Yakisoba?"（やきそば？）←子どもの発言を繰り返す。
> "I see."（なるほど）
> "Close!"（おしい！）
> "But I like it."（でも、それも好きだな）等

こうした言葉を組み合わせながら、慣れて
きたら "Do you like Yakisoba?"（君はやき
そば好きなの？）と、子どもたちに質問をし
てみるのもいいでしょう。そうすることで、
教師の自己紹介をきっかけにして、子どもた
ちの「らしさ」にもスポットを当てることが
でき、子どもたちはやり取りの楽しさをより
感じることができるようになると思います。

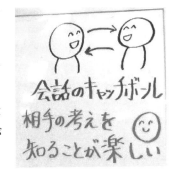

■英語で授業を行うためのポイント

中学・高校の学習指導要領では、「生徒が英語に触れる機会を充実す
るとともに、授業を実際のコミュニケーションの場面とする」ため、
「授業は英語で行うことを基本とする」とされています。「英語に触れる
機会を充実する」「授業を実際のコミュニケーションの場面とする」と

いう目的から考えると、小学校でも指導者が積極的に英語を使おうとすることは重視されるべきでしょう。

　しかし、当然のことですが、指導者側が流暢な英語で授業を行っているからといって、それが必ずしも「児童が英語に触れている」「英語によるコミュニケーションが成立している」状態につながっているとは言えません。そもそも、子どもの側に教師の言うことをすすんで理解しようとする態度が育っていなければ、教師のどんな言葉も空回りするでしょうし、仮にそうした態度が育っていたとしても、「先生の言っていることが分からない」という経験が重なってしまうと英語に対する苦手意識をもたせてしまう可能性があります。

　では、英語を使いながら授業を展開し、なおかつ「児童が英語に触れている」「英語によるコミュニケーションが成立している」状態をつくるにはどうすればよいのでしょうか。

　私は、大きく２つのポイントがあると考えています。

①指導言をしぼる。
②非言語による伝え方を工夫する。

　いずれも「教師がどれだけ英語を使うか」というよりは、「教師がいかに日本語（母語）を使わないか」という発想に近いかもしれません。特に、小学校の現場では、教師が難しい英語表現を習得して子どもの前で使おうとするよりも、シンプルな表現でもいいので的確に子どもたちに伝わるようにすることの方が、子どもたちの中に英語でコミュニケーションをとることのよさや楽しさを味わわせることができるように思います。

■まずは指導言をしぼる

　では、先ほどのポイントを具体的な場面に当てはめて考えてみましょ

う。例えば子どもたちに次のようなことを伝えたいとします。

> 　これから自由に立ち歩いて出会った友達とペアをつくり、好きな食べ物を尋ねたり答えたりします。じゃんけんをして勝った方が最初に質問してください。お互いに質問し終えたら、また新しい相手を見つけて尋ね合ってください。出会った時の挨拶や会話中の表情も意識してくださいね。それではいきますよ。よーいスタート！

　日本語による指示ならば、このまま伝えても大部分の子どもたちはその意味を理解し、活動に移ることができるかもしれません。しかし、これを直訳した英語で伝えるとなると、多くの子どもたちの頭には「？」が浮かぶのではないでしょうか。また、英語に苦手意識のある先生にとっては、それ以前に「何て言えばいいんだろう…」という戸惑いが先に来るのかもしれません。

　すでに多くの教育書等で指摘されていることですが、授業において教師が「指導言をしぼる」ことは、外国語の授業においても重要です。むしろ私としては、外国語の授業こそ、それが必要なのではないかと思います。先ほどの場面で考えると、たしかにどれも必要な内容ではあります。しかし、もしこれが初めての活動であれば、「挨拶」や「表情」についての指示は、活動の大まかな流れが分かった後でもいいでしょう。また、「自由に」や「立ち歩いて」といった頭に浮かんだ日本語をすべて忠実に英訳して伝えようとすると、どんどん複雑な表現が必要になってきます。

　具体的な指示の出し方は後で述べますが、まずは教師が伝えたい内容をしぼり、できるだけシンプルな言葉に言い換えること。これが英語で授業を行うにあたっては大きなポイントになると思います。

指導言をしぼるために
①指導の目的に合わせて、伝える内容を精選する ↓ ②(子どもたちに伝わるような) シンプルな英語表現に言い換える

■短文で話す

　教師の英語が、子どもにとって「英語に触れる機会を充実する」「授業を実際のコミュニケーションの場面とする」ためにあるとすれば、それは最初から難しい表現である必要はありません。難しい上にまとまりのないだらだらとした話は、日本語であっても決してよい話とは言えません。こうした話し方をやめるポイントの1つは、1つの文に2つ以上の事柄を入れないことです。

　つまり、

　　一文一義で話す

ということです。

　例えば、前ページの活動を説明するとします。必要最低限の情報だけを選んで短文にしてみると、例えば例①のような表現ができるでしょう。これなら、一文5秒もかかりません。

　さらにこの言葉を整理して伝えようとするなら、ナンバリングも有効です。例えば例②のようなイメージです。

例①（短文で話す）	例②（さらにナンバリングを使用する）
Walk around.	No1. Walk around.
Make pairs.	No2. Make pairs.
Do *janken*.	No3. Do *janken*.
Winners, please ask.	No4. Winners, please ask.
Change the role.	No5. Change the role.

　話す数はできるだけ少ない方がいいと言われています。この活動をするためにはどんな言葉が必要で、どんな言葉が必要ないか。できれば事前に紙に書き出すなどしておくと、指導する側は、「話す数」だけでなく「話す順序」も整理できて、指示をより分かりやすくすることができ

ます。

（菊池省三『授業がうまい教師のすごいコミュニケーション術』2012年　学陽書房　p.18〜19, p32〜33参照）

■非言語による伝え方を工夫する

　次に、「非言語による伝え方を工夫する」ということについて考えてみましょう。よく考えてみれば、コミュニケーションとは、何も音声化された言語だけで行われるものではありません。言葉がなくても思いを伝えることができるということを経験上私たちはよく知っています。

　例えば、先ほどの例の中にある "Walk around." という言葉。この意味を伝えるのに一番手っ取り早い方法は「教師が実際に歩いて見せる」という方法でしょう。もしくは、誰かが歩いているのを指さしながら、"Walk around." と言ってもいいかもしれません。つまり、言葉の意味を無理に言葉だけで伝えようとするのではなく、非言語を積極的に活用しながら伝えることが子どもたちの理解の助けになるということです。小学校での外国語学習においては「気付き」という点が重要視されていますが、この「気付き」を促すのは、まさにこの非言語によるはたらきかけがあるからだと思います。

・教師の身振り手振り（ジェスチャー）
・絵
・写真
・実物
・表情
・間
・声の大きさ、速さ、トーン
・教師の立ち位置
・拍手

　私は、外国語の授業において指導者が英語を使ってコミュニケーションをとろうとすればするほど、指導言（指示・発問・説明）だけでなく、こうした非言語面への意識も強くしていく必要があると思います。

■教師がやって見せる（デモンストレーション）

　それでは、「非言語による伝え方の工夫」としていくつか例を挙げてみます。

　まず、これは指示を出す時の大原則ですが、子どもにさせたい動きを教師が実際にやって見せるということです。つまりデモンストレーションです。

No1. Walk around.

（歩くまねをする）

No2. Make pairs.

（T2 や代表の子どもとペアをつくる）

No3. Do *janken*.

（"Rock-scissors-paper, one, two, three!" と言って実際にじゃんけんをする）

No4. Winners, please ask.

（「勝った」ということを強調して質問する、または質問してもらう）

No5. Change the role.

（交代して最後まで続ける→ "Thank you." "See you." など分かりやすく終える）

　話し手に動きが入ることで、聞き手の注目は集まりやすくなります。そして、言葉と行動がセットで示されることで、子どもたちは教師のデモンストレーションを手がかりにしながら、「Walk っていうのは歩くっ

てことかな」「Make pairs. っていうのはペアになるってことか」と言葉の意味を推測しながら話を聞くようになります。慣れてきたら、1回目は「音声による指示のみ」で、2回目は「指示＋デモンストレーション」で伝えるというように、あえて段階的に指示を出すといった方法も試すことができるかもしれません。

　なお、小学校学習指導要領「聞くこと」の目標にもある通り、小学校段階では「ゆっくりはっきり」と話された音声を聞き取ることができればよいので、教師の話す速さについても、むやみに速さや流暢さを求めるのではなく、まずは自分の動きに合わせてゆっくりはっきり伝え、子どもたちが「分かった！」という実感をもてるようにすることが大切だと思います。

■絵や写真、具体物の見せ方を工夫する

　次に、絵や写真、具体物を使って話すということです。

　おそらく外国語の授業に絵や写真、具体物は欠かすことができないものでしょう。しかし、りんごの絵を見せて "This is an apple. Repeat after me. Apple." ではあまりにもそこにコミュニケーションの要素が感じられません。

　そこでここでは、

> 　絵や写真、具体物をいかに教師と子どものコミュニケーションにつなぐか

という視点から、「何を見せるか」というよりも「どのように見せるか」について考えてみたいと思います。

　前にも述べましたが、教師と子どもの間に応答関係をつくる上で一番簡単な方法は、クイズ形式にすることです。そして、クイズ形式で "ある物" を当てる際に最も簡単に使える表現はおそらく、

What's this?

でしょう。3年生教材『Let's try! 1』ではUnit8でこの表現を学ぶことになっていますが、身振り・手振りとともに伝えれば3年生の最初の段階でも十分に分かる表現です。それでは、"What's this?" を使った見せ方をいくつか考えてみましょう。

①少し見せる

例えば、簡単な方法として、見せたい物を画用紙や布で隠しておき、少しだけその画用紙や布をずらして "What's this?" と尋ねる方法があります。

また、パッと一瞬だけ見せて "What's this?" と尋ねる方法も効果的かもしれません。建物の絵など一瞬見ただけではそれが何の絵かを判別しにくいものは、特に子どもたちは集中して絵を見ようとします。

②ジェスチャーを見せて推測させる

先ほどと同様、見せたい物を画用紙や布で隠しておきます。そして、"What's this?" と尋ねた後、例えば "Look at me." と言ってボールを蹴るまねをします。そして、再び "What's this?" と問います。ジェスチャーが細かいほど、子どもたちは集中してそれが何かを推測しようとします。

何問か問題を出した後、一人の教師だけでなくALTや子どもにも出てきてもらい出題してもらうと、子どもたちは楽しみながらジェスチャーにも親しんでいくことができるようになります。

③ヒントを出して推測させる

"Hint1. Long. What's this?"

"Hint2. Sport. What's this?"

"Hint3. Baseball. What's this?"

　これも子どもたちと "Really?" "Close!" といったやり取りをした後で、"That's right! It's a bat." と言ってイラストを出します。手がかりが言葉で示されるため、①②よりもレベルは上がりますが、その分、子どもたちはヒントとして出される英語により集中するようになります。

④子どもたちが質問し、それに答えながら推測させる

　子どもたちが英語の表現に慣れ親しんできたら、"What's this? Please ask me." と声をかけて、子どもに質問をしてもらってもいいでしょう。小学校では文法についての詳しい理解は求められていないので、"Animal?" "Big?" "Sweet?" といったごく簡単な質問になって構いません。こうすることで、子どもたちは自分の方からも英語を使って教師にはたらきかけることができます。

■「繰り返し」を仕掛ける

　「外国語を覚えたい、使えるようになりたい」という思いをもっている子ほど、理解できない英語で一方的に話をされることを苦痛に感じるようです。たとえ教師が英語に触れる機会を充実させたいと思っていても、自分にとって遥か先のゴールを見せ続けられることは、学ぶ側にとってはストレスになるように思います。

> 自分にもできそうだ。

　そうした見通しが子どもたちにとって「やってみよう」というモチベーションにつながります。では、どうすれば「自分にもできそうだ」と思えるような状況をつくることができるのでしょうか。1つのポイントが「繰り返し」です。もちろんここで言いたいのは、"Repeat after me." を強要するような「繰り返し」ではありません。外国語の学習は「聞くこと」からです。

　ここでは、"Do you have 〜 ." の表現を新たに導入する場面を例に考えてみます。例えば、前の活動で何かゲームをしていたとします。ゲームを終えて、T1 はその結果をホワイトボードに整理しようとします。

T1：（ホワイトボードに直線をかこうとする。しかし、マーカーが
　　　なくて困る。目の前に ALT がいることに気付き、尋ねる）
　　　<u>Do you have</u> a marker?

T2：<u>Yes, I do.</u>　Here you are.
　　　（T1 にマーカーをわたす）

T1：Thank you.（マーカーで直線をかく。しかし、途中で曲がっ
　　　てしまう。消そうとするが、消すものがなくて困る。また
　　　ALT の方を見て尋ねる）
　　　<u>Do you have</u> an eraser?

T2：<u>Yes, I do.</u>　Here you are.
　　　（T1 に消すものをわたす）

T1：Thank you.（曲がった線を消して、再びかく。しかし、やは
　　　りうまくかけない。定規を使えばよいことに気付くが、定規が
　　　なくて困る。また ALT の方を見て尋ねる）（・・・続く）

　この後は "Do you have a ruler?" となるわけですが、下線を引いているあたりを少し誇張してやり取りを続けていると、子どもたちは「ああ、また同じ展開だ。きっとまた先生は同じことを言うぞ」という予測を立てながら教師の会話を聞くようになります。子どもたちがこうして自らある表現に着目して耳を傾けるようになってくると、少しずつ「自分でも言ってみたいな」という気持ちを促すことができます。そして、繰り返し聞いている中で「自分も言えそうだな」と思えるようになる

と、自然にその表現をまねするようになります。実際の授業で特定の表現を子どもたちが自然にまねするようになるまで待つことは難しいかもしれませんが、こうして子どもたちの中に主体的に聞く態度を育て、「自分でも言ってみよう」「自分でも言えそうだ」という気持ちを耕しておくことは、その後「コミュニケーションを図る資質・能力」をさらに育てていく上で大きな力になっていくはずです。

　子どもたちが慣れてきたら、こうした「繰り返し」に変化をつけていくのも一つの工夫でしょう。例えば、最初は "Yes, I do." で ALT が途中から "No, I don't." と答えるようになるなど、お決まりの流れに変化が加わることで子どもたちの集中力も持続します。一番分かりやすい例が絵本でしょう。英語の絵本にも「繰り返し」が仕かけられているものがたくさんあります。こうした絵本を積極的に活用することも一つの有効な方法でしょう。

　　変化のある繰り返しを取り入れる

　これまでも教師の指導技術として大切にされてきたことですが、この考え方は外国語の学習においても十分に応用できます。

■さりげなく言い換える

　子どもたちが「外国語を覚えたい、使えるようになりたい」といった前向きな思いをもって教師の発音を積極的にまねするようになることは、外国語の授業でめざしたい一つのゴールイメージです。しかし、母語をしゃべり始めた頃もそうだと思いますが、最初から聞き取った言葉を正確に発音できることはほとんどありません。ですから、少なくとも「授業を実際のコミュニケーションの場面とする」ことを目的としている時には、子どもの表現や発音に多少の誤りがあったとしても、教師はその誤りをさりげなく正しい表現に言い換えて受け答えすればよいと思

います。

> T：Do you have a ruler?
> S：Yes, I <u>have</u>.
> T：Oh! "Yes, I <u>do</u>." Really?（子どもの定規を見つける）Wow!
> 　　It's cool.

　上の例では、波線の部分が正確な表現ではありませんが、教師がさりげなく正しい表現に言い換えています。

　私の場合、こういう時には、念のため別の子にも続けて同じ質問をします。そして、その子も "Yes, I <u>have</u>." と答えたら、少し <u>do</u> を強調しながら上と同じやり取りを繰り返します。そして、その後さらに他の子と同じやり取りを行います。何度か繰り返し、その後 "Yes, I <u>do</u>." が続けば正しい表現が共有されつつあると判断します。しかし、それでも "Yes, I <u>have</u>." が続くようであれば、"Yes, I <u>do</u>." を少しゆっくり発音したり、<u>do</u> をもう少し強調したりしながら、気付きを促します。あまり時間をかけてしつこくやると、「間違うこと」や「うまく言えないこと」への不安感を煽ってしまいかねないので注意が必要ですが、子どもたちが「外国語を覚えたい、使えるようになりたい」という思いをもっているのであれば、少なくとも教師はその文法が正確かどうかという視点はもっておく必要があるように思います。

4　やり取りする力を育てるために

■［やり取り］の位置づけ

　中学年の外国語活動では、①「話す」［やり取り］、②「話す」［発表］、③「聞く」の3領域を、高学年の外国語科ではこれに④「読む」、⑤「書く」を加えた5領域を扱うことになっています。このことからも

分かるように、外国語の学習の入り口は外国語の音声に慣れ親しむことです。しかし、従来の「話す」活動がどちらかというと［発表］に偏っていたこと、また実際のコミュニケーション場面では一方的に話すよりも双方向の［やり取り］の場面が多いことから、今回の改訂では「話す」が［やり取り］と［発表］に分けられ、［やり取り］の重要性が強調される形となりました。

　コミュニケーションという観点で言えば、5領域ともそれに当てはめて考えることができますが、ここでは特に「話す」［やり取り］の指導について具体的に考えてみたいと思います。

■やり取りを楽しむ力を育てたい

「みなさん、"Do you like 〜?" の言い方には慣れてきましたね。それではクラスの友達に好きなものを尋ねてみましょう」

　もしこれが、普段からその時間（あるいは単元）で扱うフレーズの習得だけを目的としている教室であったら、おそらくこの後の子どもたちの会話は次のようになると思います。

```
S1&S2：Hello.
S1：Do you like apples?
S2：Yes, I do.　Do you like bananas?
S1：No, I don't.
S1&S2：See you.
```

　たしかに慣れ親しんだ表現を使って、お互いにやり取りをしています。さらにここにワークシートがあって、「インタビューした相手にはサインをもらいましょう」といった指示がプラスされれば、子どもたちは英語を使って活動ができたことに楽しさや達成感を感じることができるでしょう。しかし、こうした活動はやり取りをすること自体に焦点が

当たりがちで、相手のことをよく知ること、相手に対する理解を深めることにはなかなか注目されません。

　日本語でも、仮に日常会話の中で「リンゴ好き？」と聞く場面があったとして、「うん、好きだよ。君はバナナ好き？」とすぐに別の果物を聞き返すのは少し不自然な気がします。少し気を利かせることができたら、「リンゴ好き？」と聞かれた後に「うん、好きだよ。甘いリンゴが好きだな」と少し情報を加えて答えるのではないでしょうか。そして「君はバナナ好き？」ではなく、「君もリンゴ好き？」と聞き、「リンゴ」を共通の話題として取り上げて話を膨らませようとするのではないでしょうか。また、S2 が "Yes, I do." と答えたのなら、それに対して S1 が "Wow!　Me, too!" といった反応を返すのも一つのコミュニケーションだと思います。

　つまり、たとえこの時間（単元）で扱うメインのフレーズが "Do you like apples?" であったとしても、それだけを使って指示された情報のみを尋ね合うようなコミュニケーションをめざすのではなく、知っている語句や表現を活用して相手に関するプラス α の情報についても尋ね合うようなコミュニケーションをめざすべきではないかと私は思うのです。

　中学校学習指導要領では「即興で伝え合う」という力が求められており、小学校高学年でも「その場で質問をしたり質問に答えたりして、伝え合う」という力が求められています。他教科同様、子どもたちには決められた知識・技能を獲得する楽しさだけでなく、思考力・判断力・表現力を発揮してそれらを活用する楽しさについてもぜひ経験してもらいたいと思います。

■ Small Talk（スモール・トーク）

　文部科学省が作成した新教材で重視されている活動の１つに Small

Talk（スモール・トーク）があります。文部科学省による『小学校外国語活動・外国語研修ガイドブック』によれば Small Talk とは次のように説明されています。

> 　Small Talk とは、高学年新教材で設定されている活動である。2時間に1回程度、帯活動で、あるテーマのもと、指導者のまとまった話を聞いたり、ペアで自分の考えや気持ちを伝え合ったりすることである。また、5年生は指導者の話を聞くことを中心に、6年生はペアで伝え合うことを中心に行う。
>
> 文部科学省『小学校外国語活動・外国語研修ガイドブック』　p.130

　この活動がやり取りする力を高める上で大きな役目を果たすことは分かりますが、具体的にはどのように指導していけばよいのでしょうか。

（1）教師の会話を聞く

『小学校外国語活動・外国語研修ガイドブック』に「5年生は指導者の話を聞くことを中心に」とあるように、最初は教師の会話を聞く（見る）ことから始めます。あまり複雑な表現を多用せず、小学校の外国語の学習の中で扱う表現くらいから始めることが1つのポイントではないかと思います。流暢な英語でなくても、ジェスチャーや表情を少し工夫したり、絵や写真、実物を使ったりすることで、英語だけでも子どもたちはその内容を推測することができます。2人の教師が役割を分担し楽しそうに会話することで、子どもたちは「自分も話してみたい」という思いをもつことができます（教師が1人の場合でも、パペットを使ったり落語風に表現したりすることで1人2役を演じることができます）。

　私の場合、あらかじめ会話の量や内容について見通しをもつために（また相手の先生との役割分担を明確にするためにも）、事前に会話の流れを紙に書き出すようにしています。慣れないうちは少し大変ですが、

指導書をもとにしながら何度か書いてみると、少しずつ教師自身が英語の表現に慣れ親しみ、伝える内容だけでなく、伝え方（非言語の部分）も工夫できるようになってきます。

（2）英語のキャッチボールを体験する

　では、子どもたち同士の会話につなげていくためにはどうすればよいのでしょうか。英語によるやり取りに慣れていなかったり、英語によるやり取りに対して苦手意識をもっていたりする段階では、ただ会話を往復させることだけでも子どもたちにとって大きなハードルとなります。

　そこで、私は会話のキャッチボールをゲーム化することにより、子どもたちが「やり取りするって楽しいな」と思えるようにするところから始めることにしました。

　次のゲームは「英語のキャッチボールを体験する」ことを目的として私が実践したものの１つです。

　自分の役割、また自分が使う表現が限定されていることで、子どもたちは "Do you like ～ ?"、また "Yes, I do. / No, I don't." の表現を楽しみながら繰り返すことができます。また、自分たちが「キャッチボール」をした証拠が「数」として残るため、英語を使うことに対する自信やさらなるモチベーションにもつなぐことができます。教師は活動を行いながら、「キャッチボール」ができていることに対してしっかり価値付けを行うとともに、会話のキャッチボールをしている時の子どもたちの表情や体の動きを具体的に評価することで、コミュニケーションを行う時のポイントを教室全体に伝えていくことができます。

【Do you like? ゲーム（英語版よってたかって質問ゲーム）】
①チームをつくる。（最初は３〜４人１組がおすすめ）
②じゃんけんをして一番勝ちを回答者、それ以外のメンバーを質問
　者とする。（質問者のうち１人は記録係も兼ねる。記録係は専任
　にしてもよい）
③教師の合図で、質問者が "Do you like 〜 ?" を使って質問する
　（〜の部分は日本語でもよい）。回答者は "Yes, I do. / No, I
　don't." で答える。記録係は回答者が答えた回数を正の字で記録
　していく。（「同じ人が連続して質問できるのは２回まで」「他者
　が不快になる質問はしない」「制限時間は〜秒」といった条件を
　あらかじめ伝えておく）
④制限時間が来たら質問をやめて、回答者が回答できた数を確認する。
⑤全員起立し、０から順に数を数えていく（できれば英語で）。自
　分たちのチームの数になったら座る。
⑥一番数が多かったチームに拍手を送る。
⑦回答者がひと回りするまで、ゲームを繰り返す。
※「チーム対抗」で終わってもよいが、すべての記録を合計するこ
　とで学級全体としての記録を出してもよい。

（３）会話キャッチボールの「量」から「質」へ
　しかし、この活動は会話のキャッチボールを「量的に」体験すること
に重きが置かれているため、子どもたちはどうしてもやり取りした「内
容」よりも「回数」にこだわりがちです。もちろん最初はそれで構いま
せんが、少しずつ「コミュニケーションは量だけではない」という点に
も意識をもてるようにしていきたいところです。
　私は、次のように少しずつルールを変化させながら、授業の中で

「Do you like? ゲーム」を続けました。

> ●質問者を1人、回答者を1人にする。残りのメンバーのうち1人
> は記録係、残りのメンバーは観察係になる。観察係はゲーム後
> 「数」以外のよかったところを伝える。
> ●観察係をリアクション係に変える。リアクション係は、2人の会
> 話のリズムに合わせてうなずきながら聞く。
> ●リアクション係には、「うなずき」に加えて、「表情」や"I see."
> "Wow!" "Really?" といった「相づち」の工夫も求める。(ただし、
> 2人の会話を妨げるようなオーバーリアクションにならないように)

　最初の「Do you like? ゲーム」が「話し手を育てること」に重点を
置いているとすれば、この段階では「聞き手を育てること」に重点を置
くようにしました。キャッチボールの「量」を評価しながらも、そうし
た「量」があるのはよい聞き手の存在が欠かせないということにも着目
できるよう、指導と評価を繰り返し行いました。こうすることで、子ど
もたちの意識を少しずつ「量」だけでなく「質」にも向かうようにして
いきました。

（4）「相手を知ることの楽しさ」に対する意識を高める
　すでに述べましたが、私にとっての「コミュニケーションを図る資
質・能力」を育てる目的とは、子どもたちが「いっしょに成長し合う関
係」を築けるようにすることです。そして、そのための第一歩は「相手
を知ること」からだと考えています。
　「Do you like? ゲーム」では、確かに "Do you like 〜 ?" の言い方を
使って相手の好きなものを尋ね、多少は相手を知ることができました。
しかし、あくまでそれは「ゲーム」であり、そこから相手に合わせて質
問をつないだり、逆に相手に自分のことを知ってもらったりすることは

できませんでした。つまり、『小学校外国語活動・外国語研修ガイドブック』（文部科学省）が Small Talk でめざしている「伝え合うこと」としては、当然不十分です。ゲームを通して体験した会話のキャッチボールの楽しさやリズムを土台にしながら、次はさらに自分の力で会話を展開することの楽しさも味わえるようにすることをめざしていかなければなりません。

　そこで、私はしばらくの期間「Do you like? ゲーム」を続けた後、子どもたちの成長を十分に認めた上でゲームの内容を次のように変えることにしました。

【自己紹介ゲーム】

①ペアをつくる。

② "Hello. My name is ～ . What's your name?" から会話を始める。（最初はじゃんけん等でどちらから話すかを決めてもよいが、慣れてきたら自然に始めるようにする）

③お互いに名前を尋ね合った後は、"Do you like ～ ?" を使って自由にお互いのことを尋ね合う。やり取りの「数」ではなく、会話を継続した「時間」を長くすることを目標にする。（最初は 30 秒くらいから始め、少しずつ長くする）

④教師の合図で 30 秒間会話を続ける。時間が来たらお互いに "Thank you." と言って終わる。

⑤会話が継続したかどうかは確認するが、あまりシビアに評価しない。それよりも、会話の中で相手について分かったことを数名（日本語で）発表してもらう。（「～さんはみそラーメンが好きだということが分かりました」など）

　特に⑤で教師が「やり取りできたかどうか」よりも「相手のどんなことを知ることができたか」に焦点を当て、その内容に興味をもつこと

で、子どもたちは「Do you like? ゲーム」の時とは違った楽しさを味わうことができるようになります。

「へぇ！〜さんはみそラーメンが好きなんですね。先生もみそラーメン、大好きですよ。他にもみそラーメン好きな人いる？　……」

上のようなやり取りが英語でできれば言うことはありませんが、「相手を知ることの楽しさ」に着目させたいという目的がはっきりしているなら、私は、最初は日本語でも構わないと思います。活動のポイントが「量」ではなくなることで、子どもたちも少しずつ「相手」に対する意識をもつことができるようになってきます。

私はさらに慣れてきた段階で次のようなアドバイスも加えていきました。

> ・自分が好きなものを聞き、相手が "Yes, I do." なら "Me, too!"（私も！）と反応すると相手とさらに仲良くなれるかもしれませんね。
> ・相手が "Me, too." と言わなかったら、自分が "How about you?"（あなたはどう？）と聞くこともできます。
> ・好きなものを尋ねる時に、ジェスチャーを加えてみるのもいいですね。（野球について尋ねたいならバットを振るまねをする等）

もちろん、教師が一方的にアドバイスを与えるだけでなく、子どもたちの中で（無意識にでも）そうしたコミュニケーションのとり方をしている子を取り上げて全体に紹介したり、

> 「どんなことを工夫したら、もっと会話が楽しくなると思う？」

と聞くことで、子どもたち自身が考える場をつくることもできるでしょう。

私が授業をした際には、子どもたちの中から「相手の答えにつないでさらに質問をすればよい」という意見が出ました。例えば「相手が『み

そ　ラーメンが好き』」と分かったら、さらに「とんこつラーメンは好き？」と聞く。そうすれば、ラーメンについての会話が盛り上がり、お互いの好みについて理解がより深まるということでした。こうした発言も、教師と子どもたちの意識が「相手を知ることの楽しさ」に向くことで生まれてくるのではないかと思います。

（5）「その場でやり取りする力」を高める

　さらに慣れてきたところで、いよいよ "Do you like ～ ?" 以外の表現も使ったやり取りにもチャレンジしていきます。この時点で、会話の最初と最後だけを決めて、その他は自分たちで自由にアレンジしていくこととしました。

> ### アドリブ力

　この言葉が私の外国語の授業では１つの大きなキーワードです。しかし、子どもたちは「相手の答えにつないでさらに質問すればよい」ということは分かっているものの、実際にやろうとすると、それがかなり難しいことだということに気付き始めます。"Hello. My name is ～ . What's your name?" から始まり、名前を伝え合うところまではスムーズにできますが、その後 "Do you like ～ ?" を使っていくつか質問したところでしばしば「ん～…」と会話が止まってしまいます。「つなぐ」という意識をもつほどにその傾向は強くなります。

　会話が止まる原因は大きく分けて次の２つのようでした。

> ●そもそも会話の続け方が分からない。
> ●質問したいことはあるけれど、英語の言い方が分からない。

　この２点については、学習している英語表現が少ない小学生にとって当然と言えば当然のことだと思います。私は「焦る必要はないよ」「心

配しなくても大丈夫」というメッセージを送りつつ、いくつかの手立てを打っていきました。

①会話を続けるためのフレーズを示す

　私の場合は、「そもそも会話の続け方が分からない」という状態に対しては、具体的な会話の続け方を積極的に取り上げていくようにしました。まずは、次のように会話を続けるためのフレーズを示しました（写真1）。

写真1　会話を続けるためのフレーズ

> 始まりのあいさつ
> 繰り返し
> 一言感想
> 質問
> 終わりの挨拶

　これは『小学校外国語活動・外国語研修ガイドブック』に示されているものですが、子どもたちはこうした具体的なフレーズとともに、会話の全体像がイメージできたことで、「自分には何ができていて、何ができていないのか」を理解し、自分の会話のあり方について具体的な課題を設定することができるようになりました。

　また、教室の中には写真2のようにして既習表現を掲示しています。こう

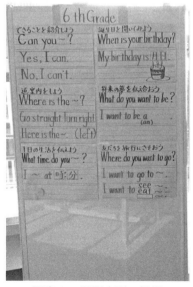

写真2　既習表現の掲示

した掲示物があることで、教師はこうした掲示物を見ながら「この状況ではこの表現が使えるかもしれない」と考えることができますし、子どもたちも「あの時学習したフレーズが使えるな」というように、既習表現を思い出す手がかりにすることができるようです。

②モデルを見せる

　教師の会話とともに、子どもたちにも会話のモデルを示してもらうようにします。会話が続く子どもたちの姿を実際に見ることで、「そう言えばいいのか」「自分だったらこう言うぞ」といった具体的なイメージを膨らませることができ、自分の会話に取り入れることができます。子ども同士の会話が難しい場合には、教師と代表の子とで会話をしてみてもいいと思います。「さっき〜さんが・・・って言った時に、〜君は・・・って返したね」などと具体的な表現を部分的に取り上げて価値付けると、他の子どもたちもより自分の表現に取り入れやすくなるようです。

③「この後、自分だったらどう続ける？」と尋ねる

「教師と子ども」あるいは「子ども同士」のモデル会話を行っていると、時々そこでも会話が止まってしまうことがあります。そういう時には、

> 「この後、自分だったらどう続ける？」

と尋ねることがあります。すると、そこまで第三者としてモデル会話を観察していた子どもたちも自分事として考えることができるようになります。その後同じ子に会話を続けてもらってもいいでしょうし、違う子にバトンタッチして会話を続けてもらってもいいと思います。

④「言いたかったけど言えなかったことはある？」と尋ねる

　一方、「質問したいことはあるけれど、英語の言い方が分からない」という状況についても基本的には同じで、具体的な状況で考えるように

しました。

　例えば、「自己紹介ゲーム」を２～３セット行うようにして、１セット目が終わった後、

> 「こんなことが言いたかったんだけど、英語で何と言えばいいか
> 分からなかったって言葉はありませんでしたか？」

と尋ねるようにします。

　そこで「"Do you like sports?" と聞かれたので、"Yes, I do." だけではなくて、『水泳を習っているんだ』と言いたかった」という子がいたとします。もちろん教師がすぐに英語による表現の仕方を教えてもいいですが、少し時間をとって他の子どもたちにも考えてもらってもいいでしょう。こんな時、

> 「みんなだったら何て言う？」

と尋ねることで、１人の課題が学級全体の課題になります。ここで私が１つポイントだと感じることは、

> 直訳ばかりを求めない

ということです。つまり、「水泳を習っているんだ」を直訳すれば "I learn swimming." ですが、learn をまだ学んでいない子どもたちに「それは "I learn swimming." って言うんだよ」と直訳して教えてしまうと、子どもたちには暗に「言葉を知らない＝思いを伝えられない」という先入観をもたせてしまう可能性があります。しかし、もし子どもたちが、

> 分からなくても知っている表現で言い換えればよい

という感覚をもっていれば、子どもたちは自分なりに使える表現を考

えるようになるのではないでしょうか。例えば、『水泳を習っているんだ』は、直訳できなくても、子どもによっては "I like swimming." や "I can swim." でも伝えたい思いを言い換えることができると考えるかもしれません。言葉だけでなく、ジェスチャーも大きな表現方法の一つだとすれば、たとえ「水泳」が分からなくても "I like" や "I can" まで言って、あとは必死に泳ぐまねをするといった表現の仕方もできるでしょう。

　また、英語で何と言えばよいかを ALT に聞いてみることも 1 つの手段だとすれば、担任が通訳となって ALT に英語の言い方を確認するだけでなく、子ども自身が "How do you say suiei in English?" という表現やジェスチャー等を使って ALT と直接コミュニケーションをとる場を設定してもいいと思います。

（6）相手（他者）に配慮して伝え合う力を育てる

　小学校新学習指導要領の目標に「相手（他者）に配慮しながら、主体的に外国語を用いてコミュニケーションを図ろうとする態度を養う」という言葉があります。このことから、外国語の授業では、ただある情報（事実）を相手に伝えればよいということではなく、相手意識をもって、相手の反応を確かめながら伝え合うこと、またそこにお互いの考えや気持ちなどをこめて伝え合えるようにすることが大切になってきます。

　しかし、限られた表現しか学習していない小学生にとっては、いくらアドリブを加えたとしても、「Do you like? ゲーム」や「自己紹介ゲーム」でそうした力を育成することには限界があります。そこで、やり取りすることに慣れてきたらさらに活動に変化を加えていくことが必要です。その際に重要なポイントになるのが、

> 目的、場面、状況に対する意識

です。

「相手意識」と一言で言っても、通常そこには様々な要因が絡んでいるはずです。その相手はどのような人なのか（年上か、年下か。日本のことをよく知っている人か、それともよく知らない人か）。また、どのような場面、状況の自己紹介なのか（教室で行う自己紹介なのか、それとも国際交流パーティーの中で行う自己紹介なのか。1対1なのか、それとも1対大勢なのか）。そうした条件によって、コミュニケーションの内容や方法も変わってくるはずです。

　ですから、「相手意識」をもってやり取りする力を育てようとするならば、目的、場面、状況の設定を工夫することが必要です。

　私は、「自分の町を紹介する」という単元で次のような場面を設定しました。

> 　あなたは〇〇駅（自分たちの最寄りの駅）で、1人のアメリカ人に出会いました。彼はアメリカから日本に初めてやって来て、これからこの町で新生活を始めるそうです。しかし、彼はまだこの町にどんなものがあるのかよく分からず、不安な様子です。みなさんの町にどんなものがあるかを伝えて、彼を安心させましょう。

　少し長い設定ですが、こうしたことを伝えた上で、「この町に住んでいる自分」と「初めて日本にやって来たアメリカ人」に分かれて役割演技を行いました。半ば架空の状況ではありますが、子どもたちにとっては、自分が誰に対して、何のためにコミュニケーションをとるのかが明確になることで、具体的に思考・判断・表現できたようでした。もちろんリアルな目的、場面、状況をつくることができれば、それに越したことはありませんが、ここで最も重要なのは「子どもたちが相手意識をもつことができるか」「既習事項を使って思考・判断・表現できるか」ということです。ですから、目の前の子どもたちにとってどうしてもリア

ルが必要なのであればそれを用意すべきでしょうし、半ば架空の設定の方が考えやすいのであればそうした設定を用意すべきだと思います。

5　子どもの内面に寄り添う

■作文でみる子どもの内面

　他者とのコミュニケーションの中で、子どもたちは様々なことを考え、感じます。ここからは子どもたちが授業の最後に書いた振り返りをもとに、外国語の授業のあり方について改めて考えたいと思います。

■「できる楽しさ」を入り口に

　右の写真は5月にAさんが書いた感想です。まだ外国語の授業を経験していない段階から、この子は外国語に対して苦手意識をもっていたようです。

　授業開きのこの日、子どもたちが

4年生Aさん（5月）

取り組んだ活動は、教室の中を歩き、「こんにちは」（2回目以降は「Hello」や「ナマステ」に変化させながら）と言った後、自分の名前を相手に伝えるという活動でした。活動自体はとてもシンプルなものでしたが、この子にとっては「たのしかった」と思えるものだったようです。おそらくこの子にとって「できた」という思いが楽しさにつながったのではないでしょうか。まずは全員が「できる楽しさ」を体験する。他の教科同様、外国語もそこからスタートしたいものです。

■「コミュニケーションの楽しさ」へ

　学習を始めたばかりの頃、子どもたちの多くは「うまく話せたかどう

か」「うまく言えたかどうか」ということをとても気にしていました。しかし、何度か会話を繰り返す中で、発音や会話の内容だけでなく、身ぶりや表情の大切さについても伝えていくと、授業後の感想に少しずつ非言語の部分に関するものが出てきました。

　Bさんの場合は、「自分から話しかけること」や「笑顔」の価値を実際のコミュニケーションの中で感じることができたようです。また、Cさんのように、外国語の学習の中で行うコミュニケーションがクラスの中のよりよい人間関係につながるものであると感じる子も増えていきました。

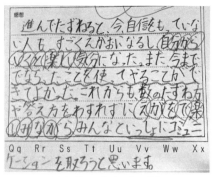

5年生Bさん（5月）

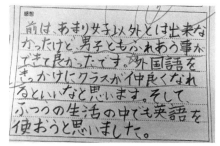

5年生Cさん（5月）

■相手についての新たな気付き・発見がある

　外国語の学習ではリアルな情報を扱うことが多くあります。好きなものやできること、ほしいものや行きたい場所など、相手のことをもっと知るために英語を使おうとします。

　Dさんの感想にもあるように、普段の会話の中で好きなものを伝え合うことはあまりないかもしれ

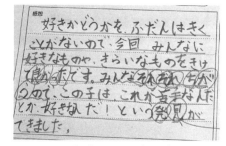

5年生Dさん（5月）

ません。しかし、普段の会話の中ではあまり注目しないからこそ、外国語の授業の中で改めて知ることができる情報もあります。たとえ「好きなもの」という簡単な話題であっても、子どもたちの中に他者に対する肯定的な関心があれば、普段から仲のよい友達の新たな一面を知った

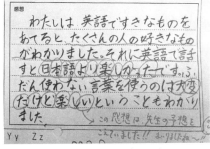

5年生Eさん（5月）

り、普段あまり話をしない友達との意外な共通点を見つけたりすることに楽しさを感じることができるでしょう。

　また、少し慣れてくると、Eさんのように「外国語を使ってコミュニケーションをとる」という負荷がかかることを楽しむ子も出てきます。外国語によるやり取りは大変だけど、その分通じた時の喜びは大きい。こういった感覚をできるだけ多くの子に体験してほしいと思います。

■自分自身についての気付き・発見もある
　「相手のことを知りたい」と思う気持ちを膨らませながら会話を重ねていると、子どもたちの中では「自分のこともっと知ってもらいたい」という気持ちが育ってくるようです。

　Fさんは、始めて間もない卓球について、「まだ周りの友達は自分が卓球を始めたことを知らないと思うから、自分が卓球ができるようになったことを伝えたい」と話していました。

　また、Gさんは "What's this?" を使って宝物を伝え合う活動の中で、自分にとっての「宝物」が何なのかを知ることができたと言ってい

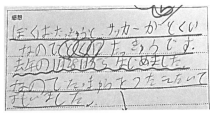

6年生Fさん（5月）

ました。リアルな情報に向き合う中で、子どもたちは友達だけでなく、自分自身についても新たな気付き・発見をすることがあるのだと思います。

５年生Ｇさん（10月）

■人の内面は変容する

　４月。最初の授業を終えた後、Ｈさんが右のような感想を書いていました。「まだまだ始まったばかり。これから１年間の中で少しずつ外国語に関心をもってもらおう」と前向きには考えていましたが、やはり心のどこかで少なからずショックも受けていました。この時、私は外国語専科の立場でしたので、担任の先生にこの子のことを聞いたり、外国語の授業以外の時間でこの子と関わる時間を意識的につくったりしながら４月からの日々を過ごしていました。どうすればこの子が外国語の学

６年生Ｈさん（４月）

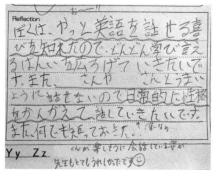

６年生Ｈさん（10月）

習に前向きな気持ちをもってくれるのか。私の中ではこのことが１つの大きなテーマになっていました。

　そして10月。このＨさんが次のような感想を書いていました。これ以降、Ｈさんは毎時間外国語の授業に前向きに取り組むようになりました。正直、いまだになぜＨさんがこのような思いに至ったのかははっきり分かりません。この日がＨさんの得意とする会話中心の授業だっ

たので、そこで何か手応えをつかんだのかもしれませんが、私はそれだけではないような気もします。おそらくそこに至るまでには、彼の周りにいる先生や友達とのよりよい関係、そして彼自身の成長が複合的に関係して、こうした外国語の授業での変容にもつながったのだろうと思います。

　コミュニケーションを重視した授業は、教室の中の関係性に大きく影響を受けます。ですから、Hさんの事例のように、改めて教師は個と集団の成長を信じて、焦らずじっくり日々の授業づくりに専念していく必要があるのだと感じました。

6　おわりに

■学級づくりと授業づくりをつなぐ

　改めて、外国語の授業づくりは学級づくりとリンクする部分が多いと感じます。教室の中の人間関係がうまくいっていなければ、英語による会話が弾むはずがありませんし、ましてやペアをつくることさえ難しいかもしれません。訓練的に知識を詰め込むだけ、あるいは活動をするだけの授業であれば成立させることはできるかもしれませんが、これから小学校で求められている外国語の授業がそういったものではないことは言うまでもありません。

　では、もし人間関係が十分に育っていない学級に出会ったとしたら、

どうやって外国語の授業を
行っていくのか。

　私は、外国語の授業こそ
「授業の中で学級づくりを
行っていく」という考え方
がマッチしやすいのではな
いかと思います。歌やチャ
ンツ、クイズやゲームな
ど、外国語の学習において
は、子どもの心をひき付けるのに適した活動や指導方法が数多くありま
す。私たち教師は、こうした活動や指導方法の中から適切だと思われる
ものを選択し、活用することで、子どもとのよりよい関係を築くことが
できます。また、目の前の子どもたちの実態と年度末のゴールイメージ
をもとに、子どもたち同士をつなぐ活動を外国語の授業の中でも仕組ん
でいくことで、外国語の授業を行いながら、学級づくりも進めていくこ
とができるでしょう。

■「自信」がコミュニケーションの原動力

　まだ拙い英語だけれど、表情や身ぶりを工夫して知っている英語を組
み合わせれば、自分だって思いや考えを伝えることができる。実際の経
験とともに、こうした「自信」を手に入れることができた子どもたち
は、少しずつチャレンジの幅を広げていくことができます。そして、最
初は１往復するのがやっとだった会話も、２往復、３往復…と徐々に弾
ませることができるようになってきます。また、「もっと伝えたい」
「もっと知りたい」という思いもさらに膨らませていくことができます。
私が出会った子の多くは、（高学年になればなるほど）英語によるコ
ミュニケーションの原動力は「どれだけ言葉を知っているか」だと考え

る傾向がありました。たしかにそれも必要ですが、その習熟を待っていてはいつまでたってもコミュニケーション力は高まりません。コミュニケーション力はその大部分が経験によって身につくものです。ですから、我々教師は子どもたちがチャレンジするハードルの高さを常に微調整しながら、まずは子どもたちが自分からコミュニケーションをとろうとするような環境を整えていくことが大切なのだと思います。そして、たとえ数回のチャレンジでハードルが越えられなかったとしても、"Don't worry. Nice try!" というスタンスで、信じて、認めて、励まし続けることが必要なのだと思います。

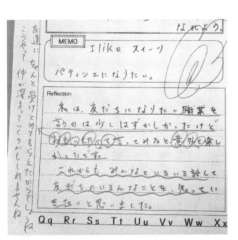

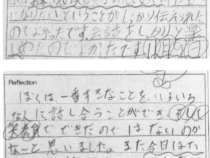

■「自分らしさ」を大切にする外国語の学習でありたい

　最初にも示しましたが、私は、外国語の学習に限らず「コミュニケーションを図る資質・能力」を育てる目的は、

> いっしょに成長し合う関係（Win-Win の関係）を築ける人を育てる

　にあると考えています。このことは、私が教室の中で育てたい子どもたちの姿とも重なります。そうした時、私の学級づくり・授業づくりで

欠かすことができないキーワードは、

> 自分らしさ、その人らしさの発揮

です。

すでに述べた通り、外国語の学習の中で、子どもたちは相手と向き合い、自分自身と向き合います。一体相手はどんな人で、そして自分はどんな人なのか。そこにどんな相違点があり、そして共通点があるのか。母国語以外の言葉を学びながら、一方でそうした"人"に対する理解を深めていくのが外国語の学習であると考えています。

しかし、教室の中で授業をしていると、時々、知識・技能の習得を焦るあまり、そうした「そもそも」を見失いかける時があります。そして、気付いた時には、たいてい子どもたちの多くが苦痛の表情を浮かべ、教室全体に重々しい空気が漂っています。

今、この瞬間にも、ちゃんと子どもたちの表情や心に「自分らしさ」があるだろうか。ドキドキしたりワクワクしたりしながら、子どもたちは学べているだろうか。常にそんな問いをもちながら、私はこれからも外国語の授業づくりに励んでいきたいと思います。

「自分らしさ」を発揮しながら、一緒に成長し合う関係を築いていく教室。

私は、外国語の授業のその先に、そんな教室の姿を思いえがいています。

●著者紹介・・

【第1章】
本間正人（ほんま・まさと）
京都造形大学副学長。NPO 学習学協会代表理事、NPO ハロードリーム実行委員会理事。松下政経塾研究部門責任者などを経て、NHK 教育テレビ「実践ビジネス英会話」の講師など歴任。「教育学」を超える「学習学」を提唱し、コーチングやファシリテーション、キャリア教育、グローバル人材育成など、幅広いテーマで活動を展開している。
著書は、「【決定版】ほめ言葉ハンド」（PHP 研究所）「コーチング入門（第2版）」（日経文庫）できる人の要約力」（中経出版刊）「相手をその気にさせる『ほめ方』やる気にさせる『しかり方』」（ロングセラーズ刊）「価値語100　ハンドブック①②」（中村堂）など多数。

【第2章】
関戸冬彦（せきど・ふゆひこ）
明治学院大学大学院文学研究科博士後期課程満期退学。獨協大学国際教養学部言語文化学科特任准教授を経て、現在、白鷗大学法学部准教授。専門はアメリカ文学、英語教育。文学教育と英語教育の融合を目指した研究論文、実践報告多数。
柳瀬真紀（やなせ・まき）
高知大学自律学習支援センターにて、アドバイザーとして勤務。英検や TOEIC などの学習アドバイス、及び非常勤講師として英語科目を担当。

【第3章】
中國達彬（なかくに・たつあき）
公立小学校教諭。菊池道場福山支部支部長。

※ 2019 年 3 月 1 日現在

学習学にもとづく
コミュニケーション豊かな
小学校外国語活動（英語）授業のつくり方

2019 年 4 月 1 日　第 1 刷発行

　著　／本間正人　関戸冬彦　柳瀬真紀　中國達彬
発行者／中村宏隆
発行所／株式会社　中村堂
　　　　〒104-0043　東京都中央区湊 3-11-7
　　　　湊 92 ビル 4F
　　　　Tel.03-5244-9939　Fax.03-5244-9938
　　　　ホームページアドレス　http://www.nakadoh.com

編集協力・本文デザイン／有限会社タダ工房
カバー・表紙等デザイン／佐藤友美
印刷・製本／モリモト印刷株式会社

ISBN978-4-907571-55-9

増補改訂版
私はこうして
英語を学んだ

一世を風靡した昭和の大ベストセラー！！
大幅加筆をして増補改訂版の発行です。
英語で何を伝えるのか？
究極のコミュニケーション論です。

著　松本道弘
四六判　432p
定価　本体2,200円＋税
ISBN978-4-907571-07-8

これからの
英語教育
フィリピン発・英語学習法

新聞・雑誌で話題沸騰のフィリピン発
の英会話教室。新しい時代の英語教育
を創る二人が熱い思いを語ります。

著　陰山英男　藤岡頼光
四六判　112p
定価　本体1,500円＋税
ISBN978-4-907571-12-2